J'AI APPRIS À LIRE À 50 ANS

ALINE LE GULUCHE

J'AI APPRIS À LIRE À 50 ANS

Propos recueillis par la journaliste
Marie-Victoire Garcia

EDITIONS PRISMA

ISBN : 978-2-8104-3022-2

Préface

J'ai toujours éprouvé une forme de lutte intérieure, commune à beaucoup de gens sans doute.

Une lutte intérieure entre mes convictions, les sujets d'injustice qui m'engageaient humainement et ma capacité à y dédier du temps, à faire quelque chose de concret, dans une vie déjà tourbillonnante entre l'investissement temps et mental dans le travail, la famille, les enfants, les amis et moi-même. Cela n'est pas une justification, mais plutôt un simple constat.

J'ai pris en 2018 la Direction Générale de Lancôme France. Dans cette fonction, j'ai eu la chance d'agir enfin concrètement au travers du programme de lutte contre l'illettrisme des femmes, Write Her Future, lancé un an auparavant par Lancôme au niveau international.

Lancôme est une maison dont le cœur bat pour les femmes. Ce sont les femmes qui ont fait ce qu'elle est aujourd'hui. En retour, la marque veut agir pour elles. Agir pour que chaque femme ait le droit de lire et d'écrire, lui donner le droit de devenir pleinement elle-même.

Dans le cadre de Write Her Future, Lancôme s'engage au niveau international à investir deux millions d'euros sur cinq ans pour lutter contre l'illettrisme des jeunes femmes dans le monde.

L'ONG internationale CARE est le partenaire officiel de Write Her Future au niveau mondial, et le partenaire opérationnel dans plusieurs pays en développement.

En France, Lancôme s'est associée à l'Agence Nationale de Lutte contre l'Illettrisme.

J'ai ainsi découvert ce terrible tabou qui touche 7 % de la population dans notre pays. Chiffre vertigineux alors même que l'école est obligatoire et gratuite. J'ai réalisé la souffrance que cela représente pour les personnes illettrées et combien cela constitue fondamentalement une entrave à l'épanouissement des femmes et donc à leur liberté.

Notre objectif pour le programme Write Her Future en France est double :

Financer au travers de l'Agence Nationale de Lutte contre l'Illettrisme et son réseau d'associations la mise en place de modules de formation digitaux dédiés à des jeunes femmes, qui pour des raisons très diverses ont décroché de l'école et, à l'âge adulte, ne maîtrisent ni les bases de l'écriture, ni celles de la lecture et du calcul.

Et aussi, utiliser notre notoriété en France pour mettre un coup de projecteur sur ce sujet méconnu afin de mobiliser à la fois l'opinion ainsi que les pouvoirs publics. Pour cela, nous avons choisi d'engager à nos côtés des personnalités qui peuvent elles aussi participer à cette action commune. Nous avons, en particulier lors des Journées Nationales d'Action contre l'Illettrisme en septembre 2019, mobilisé des personnes de la société civile, des associations ainsi que des bénéficiaires pour parler de ce sujet. C'est dans ce cadre que j'ai rencontré Aline Le Guluche.

Aline est devenue une figure de proue sur le sujet de l'illettrisme car elle a toujours eu à cœur de témoigner sur ce qu'elle a vécu, sa vie en tant que femme illettrée puis son combat pour réapprendre à lire et à écrire à cinquante ans. Témoigner pour aider.

Je me rappelle avoir été, juste avant cette rencontre avec Aline, un peu intimidée. Ne sachant pas comment nous allions pouvoir, venant de deux univers et ayant des parcours de vie si différents, apprendre simplement à nous connaître et créer un lien.

La spontanéité d'Aline a finalement fait de cette rencontre un tête-à-tête naturel et évident. Aline m'a raconté son histoire, sans filtre et sans détour.

J'ai tout de suite été frappée par le courage de cette femme, un courage que je sais ne pas être capable de véritablement mesurer. Par sa détermination à témoigner pour mettre en lumière l'illettrisme, faire tomber les tabous, parler de la souffrance pour aider celles et ceux qui subissent en silence à avoir le courage de faire la démarche qu'elle a opérée.

Au cours de nos discussions, Aline parlait déjà de son désir qui germait d'écrire un livre, de raconter son histoire. L'idée m'a paru incroyablement puissante. Être illettrée jusqu'à cinquante ans, réapprendre à lire et à écrire et décider de publier un livre. Quel acte de liberté, quel exemple d'espoir, qui nous dit à tous que tout est possible !

Nous avons souhaité accompagner Aline dans sa démarche. C'est un honneur pour moi et pour mon équipe d'apporter grâce à Lancôme notre petite pierre à l'édifice pour permettre à Aline de publier son livre et d'aider à travers celui-ci celles et ceux qui en ont cruellement besoin. Et, au-delà de l'illettrisme, de raconter le parcours d'une femme qui s'est battue pour devenir libre.

C'est à Lancôme, à moi-même, de remercier Aline de nous permettre de faire partie de cette histoire. L'avenir des entreprises, des marques et des êtres humains qui les constituent ne peut plus seulement résider sur des fondamentaux économiques, mais aussi sur leur impact humain et social. La croissance doit se partager.

Julie Audouin Urdangaray
Directrice Générale Lancôme France

Chapitre 1

Premiers pas en classe…
Un instituteur qui fait peur

8 octobre 1961, sept heures du matin. Toute la famille s'affaire aux corvées. Geneviève crie :

– Robert ! Le bébé arrive ! Va chercher la voisine, pour qu'elle t'aide !

Mon père attrape ma sœur aînée par le bras et lui dit :

– Vite dépêche-toi ! Va chercher Jeannine au plus vite ! Ta mère va accoucher d'un moment à l'autre !

Jeannine arrive, tout essoufflée, les bras chargés de linge blanc et d'une petite boîte en métal. En fin de matinée, après beaucoup de souffrance et de courage de la part de Geneviève, Jeannine et Robert annoncent fièrement :

– C'est une fille !

– Il lui faut un prénom…

Toute la fratrie donne son avis…

Du fond de son lit, Geneviève décide :

– Ce sera Aline, comme la cousine Aline.

Mais mon arrivée dans cette grande famille ne plaît pas à tout le monde.

– Encore un mouflet ! s'exclament les aînés. Une bouche de plus à nourrir !

– Il vaut mieux dire : un enfant de plus à table ! réplique mon père.

Je suis la petite dernière d'une fratrie de huit enfants.

Ma mère Geneviève, petite femme brune, rencontre mon père Robert après la guerre. Fils de paysans, il est grand et sec, les cheveux clairs et les yeux bleus. Le couple s'installe à la ferme familiale.

Ma famille, de modestes paysans, vit dans une ferme sur les hauteurs d'un petit village des Yvelines. Le cheptel se compose d'une dizaine de vaches, d'une belle brochette de volailles. Dans le fond de la cour, toute une famille de lapins vit dans des clapiers à côté d'un petit tracteur. Sur la gauche s'engraissent quelques cochons. À gauche du portail, au premier étage d'une dépendance de la ferme, une fenêtre à six carreaux. C'est là que vit mon grand-père.

Dans la cuisine de la ferme, une immense table trône au milieu de la pièce. Une grosse cuisinière à charbon permet de mijoter les repas. Au fond, une porte donne dans la chambre des parents puis, en enfilade, la chambre des garçons, et au fond, celle des filles.

Mon grand-père, un homme doux, courageux, à la chevelure argentée et épaisse, porte fièrement la moustache qu'il caresse souvent du bout des doigts. Toujours vêtu d'un pantalon en velours côtelé, bretelles et ceinture de flanelle, il est peu bavard, mais un éternel sourire lui colle aux lèvres. C'est le pilier de ces lieux.

Blonde, cheveux longs et bouclés, je suis une petite fille chétive, à la santé fragile. Dès que je suis en âge de marcher, je suis ma sœur Chantal comme son ombre pour les corvées du quotidien, le pouce toujours dans la bouche, comme pour ne pas parler aux autres personnes de la famille.

J'ai six ans. Ce matin-là, la maison est en effervescence. Chantal, aux petits soins pour moi, me débarbouille, brosse mes cheveux d'une main agile, me fait une natte et m'aide à enfiler ma blouse.

– Alors Aline, pour tes six ans, tu es contente d'aller à l'école comme une grande ?

Le pouce dans la bouche, je hausse les épaules d'un air inquiet tout en faisant la moue.

– Ne t'inquiète pas, ça ira, tu pars avec Angèle et Nicolas. Ils ont l'habitude.

Elle me charge le dos d'un vieux sac de cuir marron, usé par des années de service.

– On se voit ce soir après mon travail, me rassure-t-elle.

Encadrée par mon frère et ma sœur tout contents de retrouver leurs camarades, j'enchaîne le pas avec eux. J'ai un peu peur de l'inconnu.

La porte de l'école s'ouvre. Un homme apparaît, vêtu d'une blouse bleu pétrole, cheveux bruns, visage rond et froid.

Qu'il a l'air méchant !

– Les nouveaux élèves, à ma droite ! Et les autres, vous restez dans la cour !

Angèle me laisse avec ce monsieur que je ne connais pas et qui crie fort :

– Et arrête de sucer ton pouce ! Tu es à l'école, il faut que tu te tiennes bien !

– Oui, monsieur.

Je mets tout de suite mes deux bras le long du corps, droite comme un i, et me mêle à la file des gamins. Au premier coup de sifflet, nous nous mettons en rang par deux devant la porte de notre classe.

– Pas de chahut ! s'exclame le professeur. Je veux un rang droit et des élèves disciplinés !

Je regarde le gamin qui m'a saisi la main.

– C'est quoi « disciplinés » ?

– Plus un mot ! Vous pouvez entrer en silence.

Devant moi, une grande pièce avec d'immenses fenêtres à carreaux, ornées de rideaux noirs épais. Au fond, deux tableaux noirs derrière un gros bureau sur une estrade. Il domine quatre rangées de pupitres en bois.

– Les plus petits, installez-vous à droite !

Je me laisse entraîner, pour finir assise au quatrième rang. L'instituteur distribue un cahier, un porte-plume, un buvard. Il verse de l'encre dans les petits encriers encastrés dans les pupitres, puis, d'une forte voix, donne ses recommandations :

– Il est interdit de mettre une goutte d'encre sur vos mains ou sur le pupitre, encore moins sur le cahier !

La première journée défile, entrecoupée par la récréation. Je rentre déjeuner à la maison, toujours chaperonnée par ma sœur Angèle.

Le lendemain matin, une phrase de morale sur le tableau noir donne le ton de la journée. L'instituteur nous la lit. C'est ma préférée et je connais déjà : « Il faut travailler pour gagner sa vie. »

Avant mon arrivée en CP, je n'avais jamais eu de livre entre les mains. À la ferme, il y avait juste un journal pour le cours du blé, des volailles et du lait.

Moi, j'ai appris à donner à manger aux lapins, aux poules. En CP, il faut apprendre à écrire les lettres de l'alphabet et les retranscrire sans mettre une seule goutte d'encre sur le cahier ou sur les mains. L'instituteur surveille ça de très près.

Il me fait peur. Une seule goutte et c'est le coup de règle sur les doigts. Si c'est trop sale, il déchire la page. On peut aussi finir au coin, à genoux sur une règle.

– Aujourd'hui, c'est la lettre B, dit l'instituteur.

Dans la marge, sur mon cahier sont notés le b et le B. Je trempe doucement ma plume dans l'encrier. Trop peur qu'une goutte ne tombe sur le pupitre. J'essaie de m'appliquer.

Oh ! Une rature !

Pouf, une goutte d'encre sur le cahier !

Il est là, dans mon dos. Voilà mes jambes qui se mettent à trembler.

– J'en étais sûr ! Il faut que j'arrache une page tous les jours pour que tu aies un cahier propre ? Tends tes mains !... Mieux que ça !

Ma tête dit : *Non, ça va faire mal* !

De sa main gauche, il me tient le bras, et de l'autre, il lève sa règle pour me claquer le bout des doigts. Pas une journée ne se passe sans que je finisse au coin sur cette maudite règle en bois.

Rien que le mot « école » me donne mal au ventre.

Un autre jour, on bavarde au fond de la classe. Le maître se déplace à grands pas dans la rangée. J'ai peur pour le petit garçon. Il l'attrape par l'oreille et le décolle du pupitre. Je regarde la scène, apeurée. Pas un mot dans la classe. Il entraîne le garçon jusque dans le couloir d'où l'on entend cris et pleurs. Silence total dans la classe. Le gamin reste puni jusqu'à la sortie de l'école.

À mon retour à la ferme, après ma tartine de confiture, je m'occupe des animaux, même s'il y a des devoirs.

Ma mère rapièce un pantalon.

Nicolas nous attend dans la grange et nous demande de monter dans le grenier pour balancer les ballots de foin qu'il entasse sur une brouette déjà trop chargée. Tant bien que mal, nous arrivons à l'étable où la douzaine de vaches s'impatientent.

Dix-huit heures trente. L'heure de la traite. Les plus grands s'en chargent.

Bien que les soirées soient remplies de corvées, je préfère quand même m'occuper des animaux que d'aller à l'école.

Vingt heures trente. Geneviève pose le faitout de soupe brûlante au centre de la table. Il n'y a pas le choix : si tu n'aimes pas cette soupe, tu vas te coucher. Je trempe un morceau de pain dans la mienne pour que ce soit plus consistant.

Sur la table, un litre de vin. Papa se sert.

– Vas-y doucement avec le pinard ! s'inquiète le grand-père.

– J'ai travaillé dur dans les champs, c'est normal que je sois fatigué !

– Tout le monde travaille ! Mais pour ce soir, tu as assez bu !

Plus un seul mot à table.

Geneviève détourne la conversation et le repas se finit tranquillement.

Les filles font la vaisselle. Les garçons discutent tranquillement. Grand-père nous souhaite une bonne nuit. Après nous être débarbouillées dans l'évier, nous allons nous coucher.

Tout le monde dort à poings fermés. Tout à coup, des cris, des hurlements. L'alcool, plus les traumatismes de la guerre envahissent le corps et l'esprit de mon père.

– C'est le père ! Il tape sur maman !

Vite, vite je me lève et cours avec mes sœurs lui porter secours. Mes frères font barrage entre ma mère et les coups de mon père.

C'est l'horreur !

Il faut plus d'une heure pour calmer papa, qu'il se recouche et que la ferme retrouve son calme. Tremblante, je me blottis dans mon oreiller.

– Arrête de pleurer, me dit Angèle. Ça ira mieux demain.

– Oui, mais pourquoi il fait ça ?

Six heures trente. Le visage bleui, maman prépare le café et nous réveille.

Papa reste couché. Il a « mal au ventre »... Il est surtout pas fier de nous avoir fait vivre une nuit d'enfer.

Huit heures. L'heure de partir à l'école. Nous avons déjà donné à manger aux animaux. On attrape nos sacs comme si de rien n'était, pour rejoindre nos camarades en riant et discutant de tout et de rien.

Le sifflet retentit. Le professeur demande le silence. Deux par deux, nous entrons en classe.

– J'espère que tout le monde a fait ses devoirs ?

Je baisse la tête.

– Aujourd'hui, ce sera la lettre P.

Et voilà, les difficultés commencent.

Entre les ratures et les taches d'encre, je suis sûre de finir au coin avec un coup de règle sur les doigts.

– Prenez votre livre de lecture.

Je suis incapable de lire le moindre mot, incapable de suivre la lecture, je n'arrive pas à me concentrer. Il peut bien me tirer les oreilles ou les cheveux ! Entre les flashs de la nuit et son regard menaçant, pas un mot ne peut sortir de ma bouche.

– Tu es nulle !

Il me saisit par l'oreille pour me coller le nez dans un coin de la classe le temps du cours de lecture.

Enfin ! Je vais être tranquille jusqu'à l'heure du calcul que j'aime bien. Quand on fait du calcul, mes jambes ne tremblent plus, mon esprit s'apaise. Avec mon père, j'ai l'habitude de préparer les commandes de pommes de terre. Lire les chiffres sur la balance, je sais faire.

Puis vient l'heure de la récitation. Il ne faut surtout pas que je passe la première. Si je me fais suffisamment petite, je passerai dans les dernières. En écoutant les autres élèves, j'apprends les quelques phrases à réciter. Ainsi, je m'en sors bien.

Un soir de février, le rituel de corvée de la ferme recommence.

– Qu'est-ce que tu as, Aline ? demande ma mère.

Le pouce dans la bouche, je lui marmonne :

– J'ai mal à la tête ! J'ai envie de dormir.

Ma mère me touche le front.

– Elle est brûlante ! Il faut lui donner une aspirine ! Demain matin, il faudra appeler le médecin.

Le lendemain, mes parents le font venir.

– C'est sûrement la coqueluche. Elle en a pour un moment !

L'air inquiet, il remplit l'ordonnance. Cette fameuse coqueluche me tient au lit pendant deux mois sans voir les bancs de l'école. Pour me donner des forces, mon grand-père m'emmène faire de petites balades de temps en temps.

À mon retour, l'instituteur se met en colère.

L'histoire se répète.

– Eh bien, tu ne sais toujours pas faire une lettre ? C'est dégoûtant !

D'un coup sec, il arrache la feuille. Je finis encore à genoux sur la règle carrée.

L'année scolaire se termine enfin. Comme tous les ans, une kermesse est organisée avec la remise des prix.

Il n'y en a aucun pour moi. Tous les enfants repartent avec un livre, pas moi.

Je suis triste : même pas le moindre petit livre, puisque je dois redoubler le CP.

Les vacances d'été passent vite avec la moisson et les corvées du quotidien. Chantal s'est mariée et a quitté la ferme.

Elle me manque tous les jours.

À la rentrée, je reprends le chemin de l'école.

L'instituteur n'a pas changé. Toujours froid et sec.

– En rang par deux ! Il faut de la discipline ! hurle-t-il.

Maintenant, je sais ce que veut dire le mot « DISCIPLINE ».

– Aline, tu vas commencer la lecture.

Le doigt au-dessous du mot, rien ne sort de ma bouche. Il pense que je me moque de lui.

– Tu redoubles et tu ne sais pas lire ?

Mes jambes se remettent à trembler. Il m'attrape par les cheveux et me traîne jusqu'à la classe voisine en me hurlant dessus.

– Sale gosse ! Fille de paysans ! Je vais t'apprendre la discipline ! Quand je te dis de lire, tu lis !

Pour m'humilier devant la classe des grands, il me traîne sur l'estrade.

Je suis pétrifiée, figée comme une statue. Quand je le vois prendre la règle en bois, j'ai si peur que je me fais pipi dessus.

Toute la classe est pétrifiée ! Pas un enfant ne bouge.

Rouge de colère devant la flaque de pipi sur l'estrade, il me prend par ma tignasse, m'entraîne dans le couloir, me jette sur le banc et m'interdit de bouger. Puis il part demander à Angèle de prévenir mon père. Toute mouillée, je reste sur le banc, en larmes et honteuse.

Je suis trop bête, j'ai encore réussi à l'énerver.

Mon père arrive.

– Votre fille ne veut pas travailler. De plus, elle a souillé l'estrade. Je ne veux plus la voir. Trois jours de mise à pied !

Sans un mot, papa me prend la main.

– Viens, on rentre. Arrête de pleurer, je vais aller voir le maire.

– Je n'arrive pas à lire, il me fait peur !

Je ne suis pas la seule à être maltraitée. Il a déjà tiré l'oreille d'un petit garçon au point de la lui décoller.

Les familles iront se plaindre auprès du maire et, ô miracle, il ne finira pas l'année et sera remplacé.

Je n'arrive toujours pas à lire et à écrire, mais je passe quand même en CE1.

Chapitre 2

Un nouvel et gentil instituteur

Ce matin de septembre, tous les enfants du petit village sont agglutinés devant le portail de l'école. C'est ma troisième année.

La rumeur court dans le village que la directrice de l'école et les instituteurs ont changé.

Moi j'ai toujours peur. Pourvu que mon instituteur de l'an passé ne soit pas le même.

Le portail s'ouvre. Une dame, cheveux courts, jupe longue, se présente. La nouvelle directrice.

Elle nous demande à tous de rentrer dans la cour, exige le silence et présente ses deux collègues masculins. Ouf ! le méchant n'est pas là.

– Les CE1 et CE2 iront avec M. Beau, annonce-t-elle.

M. Beau est jeune, de taille moyenne, les cheveux châtains, et… il sourit.

Ça change du méchant.

Le sifflet retentit pour que l'on se mette devant la porte de notre classe.

M. Beau nous laisse faire comme on veut et se mettre à côté de qui on veut. Avec lui, pas de rangs deux par deux bien alignés et on peut se parler avant d'entrer en classe !

– Bon les CE1 côté fenêtre, les CE2 côté porte. Maintenant, assoyez-vous.

À son tour, il s'assoit à son bureau et d'une voix ferme, mais douce, commence l'appel. Ensuite, il distribue le matériel, cahier du jour, livres de lecture, de calcul. Je suis contente de découvrir que nous allons écrire au stylo ! Un stylo bleu d'une marque bien connue. Ce sera bien plus facile, pas de tache, pas d'encre sur les doigts à venir.

Pas de punition à l'horizon.

La première journée, nous faisons tous connaissance avec M. Beau. Sa voix est douce, pas agressive.

Il me rassure. Il a l'air plutôt sympa et dynamique.

La journée de cours démarre.

– Ce matin, on commence par la lecture. Les CE1, à vos livres.

Je me fais toute petite pour qu'il ne me pose aucune question.

Il demande à une petite blonde de commencer à lire. D'une voix hésitante, elle s'exécute. Elle lit plutôt bien.

Moi, je me cache au maximum derrière le garçon devant moi. Pourvu que M. Beau m'oublie !

Peine perdue.

– Aline, à toi !

– Euuuuuh…

– Tu sais où on en est ? Tu ne suis pas la lecture ? Bon…

Je baisse la tête, comme pour éviter une calotte sur le haut du crâne.

Il s'approche de moi.

Mes jambes commencent à trembler… Je vais sûrement finir au coin.

Mais non, rien du tout. Pas de calotte, pas de coin, pas de punition !

Debout, tout près de moi, en me montrant du doigt, M. Beau m'aide à déchiffrer les mots, tout en restant calme.

Avec son aide, j'épelle les syllabes, l'une après l'autre pour ensuite prononcer le mot en entier.

– Bien, au suivant !

Ouf ! J'ai réussi à sortir quelques mots de ma bouche, en lisant !

Les semaines qui suivent, nous abordons tous les jours l'orthographe, la grammaire et les conjugaisons. Régulièrement, M. Beau conjugue un verbe au tableau et nous devons le recopier correctement sur notre cahier.

Je suis très lente, mais je m'applique et surtout j'écris très mal. Il se promène dans les rangs regarder chaque élève écrire. Quand il passe à côté de moi, il me signale doucement les fautes que je fais en recopiant.

Sa douceur m'étonne et me donne envie de m'appliquer encore plus. Comme il est gentil ! Il me donne l'impression que mes fautes ne sont pas si graves que ça et que je vais y arriver.

Et enfin ce que je préfère : le calcul ! Sur le tableau, M. Beau pose quelques additions simples pour les CE1.

– Allez les enfants, prenez votre cahier du jour, posez correctement les opérations, je ramasse dans une demi-heure. Essaie de t'appliquer, me dit-il quand il passe à côté de moi, tes chiffres sont mal écrits, ce serait dommage que tu fasses des erreurs.

J'entends mon cœur battre dans ma poitrine. Allez, il faut que je m'applique.

– Il est l'heure, je ramasse. Vous pouvez filer en récréation.

Comme prévu, opérations terminées en temps et en heure. Trop contente, je rends mon cahier avec un grand sourire.

Avec M. Beau, je peux profiter de la récréation. Les années précédentes, je les passais souvent au coin, ou bien, les mains sur la tête, à tourner autour du bac à sable.

Avec lui, c'est une vraie récré, et en plus, il joue avec nous !

– Qui veut jouer à la balle au prisonnier ? demande-t-il.

Quel que soit le jeu, il n'y a pas de laissé-pour-compte. Tout le monde participe, M. Beau encourage les plus timides, les moins sportifs… Et ça rigole dans tous les sens.

En fin de journée, il nous raconte parfois des histoires qu'il a écrites lui-même.

Un jour, il apporte avec lui une grosse boîte qu'il ouvre devant nous.

– Quel est cet instrument ? demande-t-il.

– Une guitare !

– Un violon !

Chacun y va de son idée.

Moi, les yeux écarquillés, la bouche ouverte, je suis émerveillée.

– C'est un banjo ! nous apprend-il.

Et le voilà qui commence à pousser la chansonnette. J'ai envie de chanter, moi aussi, mais… chut ! Je n'ai jamais vu quelqu'un jouer de la musique si près de moi.

Cette année-là, j'apprécie de plus en plus l'école au fur et à mesure que le temps passe. Y aller ne me pèse plus. Je n'ai plus mal au ventre le matin avant les cours. Mes craintes ne disparaissent pas, mais mon nouvel instituteur me permet chaque jour d'avoir de plus en plus confiance.

Je ne vais pas à l'école tous les jours. Priorité oblige : la ferme doit continuer à tourner et mes parents ont besoin de moi, surtout pour la récolte des betteraves fourragères, des pommes de terre, le ramassage du foin pour nourrir les vaches l'hiver, le jardin… Les devoirs en pâtissent aussi, évidemment. Travailler pour manger est bien plus important.

D'ailleurs, tous mes frères et sœurs commencent à travailler vers dix-sept ans. Catherine, l'aînée, travaille à la maison de retraite à cent mètres de la maison, Chantal la rejoint un an après. Paul, qui a eu son certificat d'études, tout comme ma mère l'avait aussi eu après guerre, est parti en apprentissage de plomberie. Quant à Simone, ma sœur brune aux cheveux longs et frisés, elle commence à travailler à la laiterie. C'est grâce à elle que je mange pour la première fois un yaourt industriel qu'elle rapporte un jour.

Un soir, après une rude journée de labeur comme les autres, mon père Robert, déjà fatigué à l'heure du souper par plusieurs verres de vin rouge, s'énerve :

– Qu'est-ce que c'est que cette soupe ? Elle est froide. C'est toi qui l'as faite ? demande-t-il à Simone.

Il est encore bizarre, le père, ce soir. Il vaut mieux se taire. Ce soir, il en a après Simone.

– Tu fais quoi à la laiterie ? J'ai des gens qui te surveillent.

– Calme-toi Robert, réagit le grand-père, elle travaille !

La soirée s'annonce très mal. On a tous la tête dans notre assiette. Pas un mot. Geneviève se dépêche de débarrasser, les filles font la vaisselle.

Robert cherche encore des problèmes. Le grand-père Eugène et mon frère lui conseillent d'aller se coucher.

– Demain, il y a deux champs à labourer, lui disent-ils.

Il s'exécute en bougonnant. Le calme revient dans la cuisine.

Eugène et Gérard partent eux aussi se coucher dans leur chambre, de l'autre côté de la ferme. Discrètement, les filles traversent la chambre des parents pour regagner leur lit. Robert ronfle déjà comme un sonneur de cloches.

Je dors avec Simone. Dans la même chambre, Angèle a son lit.

Dans le silence de la nuit, des cris !

Le démon de l'alcool se réveille !

– Au secours ! Non ! Laisse-moi ! hurle Simone qui dort à côté de moi.

Mes yeux s'ouvrent en grand. Pétrifiée, je vois Robert, les mains autour de la gorge de Simone. Il tente de l'étrangler.

– Non ! Non ! Non !

Je me mets à crier, de toutes mes forces. Je lui saute sur le dos.

– Au secours ! Lâche-la ! Lâche-la ! Lâche-la !

Je crie si fort que toute la famille se réveille.

Il lâche sa proie.

Simone parvient à s'enfuir par la fenêtre, les pieds nus, dans le froid hivernal. Angèle et moi sommes en larmes.

– Pourquoi tu as fait ça ?! hurle Geneviève.

– Elle fait sa belle à l'usine, répond mon père, on me l'a dit !

– Tu dis n'importe quoi !

Entre deux sanglots, je demande :

– Maman, elle est partie où, Simone ?

– Je ne sais pas. Allez vous recoucher les filles. Laisse la fenêtre entrouverte pour qu'elle revienne se coucher.

Je ne ferme pas l'œil de la nuit. Simone travaille demain. Comment va-t-elle faire ? Dans ma tête, les questions se succèdent.

Le lendemain, ma mère nous apprend que Simone s'est réfugiée chez Catherine qui habite avec son mari à deux pâtés de maison de la ferme.

Elle revient quelques jours plus tard, mais juste pour récupérer ses affaires car en partant elle nous dit :

– Au revoir les filles. Je ne vais pas loin… à deux kilomètres. Catherine m'a trouvé une chambre à louer. Je travaille, alors ça va aller.

– Tu emportes ton grand bac en plastique ? On va se laver comment ? questionne Angèle.

Le bac en plastique servait à nous laver.

Avec le départ de Simone qui aidait encore aux corvées, il y a moins de bras pour faire tourner la ferme. Juste mon frère Gérard, Angèle et moi.

Gérard n'a fait aucune étude, il travaille uniquement à la ferme. C'est lui qui fait tourner la baraque. Cheveux noirs et bouclés, il n'est pas très grand, mais d'une force incroyable. C'est sur ses larges épaules que Robert laisse installer les sacs de blé d'au moins cinquante kilos. Et d'un pas assuré, Gérard les vide dans une grande cuve en bois. C'est une vraie force de la nature. À tout juste seize ans, il est capable de diriger la ferme.

Nicolas, le plus jeune des garçons, n'a pas eu son certificat d'études à cause des fautes en dictée. À l'époque, un zéro était éliminatoire.

C'est ainsi qu'il part travailler dans le club d'équitation.

À la rentrée 1970, je reste au niveau CE1 pour le français, mais je suivrai le niveau des CE2 en calcul.

M. Beau m'a expliqué que je dois faire des progrès en orthographe et en lecture.

Cette rentrée m'apporte une très belle rencontre : Nathalie, une petite brune, coupe au carré, qui vient s'asseoir à côté de moi, le premier jour. Nous deviendrons inséparables et nous vivrons quarante ans d'une grande amitié entre nous.

Le premier jour, je ne m'assois pas au fond de la classe comme avec le méchant instituteur, mais au troisième rang. La petite brune, coupe au carré que je trouve drôle, vient s'asseoir à côté de moi.

– Bonjour les enfants !

Je lui souris, moi je le connais déjà.

En cours de matinée vient l'heure de la lecture. M. Beau me connaît aussi. Il sait qu'il ne faut pas me faire lire la première, mais toujours dans les trois derniers. Il a compris qu'il me faut le temps de mémoriser le texte que nous lisons plusieurs fois. Lorsque vient mon tour, je bute souvent sur le premier mot.

– Euhhh…

– Allez, tu vas y arriver, me dit-il doucement.

– Leeeee…

– Presque.

– Louuuuuu… loup !

– Voilà, c'est parti, maintenant tu connais.

La lecture est longue et difficile encore. Les autres sont plus petits que moi et eux y arrivent déjà.

Pourquoi pas moi ? J'ai honte.

Nous passons à la dictée de mots.

Oh non ! La dictée, c'est trop dur pour moi !

– Devoir, mardi, image, arbre, manger, gâteau, gens.

Je prends mon stylo. *Allez, je vais y arriver !*

J'écris : te, voi, nardi, inaje, rabe, nanje, cato, jen.

M. Beau ramasse les cahiers pour nous les rendre corrigés le lendemain.

Comme à chaque fois, sur mon cahier corrigé, je vois qu'il y a toujours plus de fautes que de mots.

Pour la récitation, M. Beau procède de la même façon, il me fait venir au tableau parmi les trois dernières. Comme à la maison, les corvées de la ferme sont plus importantes, personne ne fait ses devoirs, dont apprendre les récitations. Les corvées de la ferme sont plus importantes. Mais en passant en dernier, j'ai le temps de mémoriser ce que les autres récitent avant moi. Je peux alors réciter par cœur.

Quelle que soit la matière, j'ai toujours du mal à lire et à comprendre les exercices. M. Beau autorise Nathalie à m'aider et à me les lire, ou bien il lit l'exercice à haute voix. Une fois que j'ai compris ce qui est demandé, je m'exécute facilement, j'ai fait les mêmes l'année dernière. Fière de moi, je referme mon cahier.

Avec M. Beau, tout est intéressant : l'histoire de France, la géographie, les sciences naturelles. Il nous imprime des feuilles avec une espèce de machine.

Il tourne la manivelle, la feuille passe dans les rouleaux et ressort.

Hop ! Une carte de France ! C'est magique.

Un jour, il nous dit de demander à nos parents de nous acheter une flûte à bec marron.

Jouer de la flûte, une de mes grandes découvertes. J'ai l'impression que la musique est innée chez moi. Le rythme, les sons, les mélodies, tout coule de source.

Le soir, à l'heure des histoires, des chansons, et de la musique, il nous fait découvrir la flûte et en jouer. Et d'abord, comment lire les notes de musique sur les partitions, le tempo… Là, tout m'intéresse et je comprends tout. J'adore ça. À la fin du cours, il reprend son banjo pour clôturer la journée en chanson et tellement de joie !

– Au revoir, au revoir monsieur !

Après un tel moment, je repars chez moi en sautillant. Encore une belle journée d'école !

Tous les mercredis, Nathalie vient à la maison pour m'aider aux corvées. On flâne et on rigole bien. Bonne élève, elle me pousse à faire mes devoirs.

– Tu as révisé la flûte ? Faut bien que tu révises la flûte parce que c'est demain que l'on commence les répétitions. Il faut que tu sois au point pour le spectacle de Noël.

– Ben, non, pas encore. Il faut d'abord que je finisse de ranger les betteraves dans la cave, ensuite on verra.

– Tu ne veux pas que je t'aide un petit peu ?

– Non, c'est sale et puis il fait froid. Tu vas te salir les mains.

– Allez… je reste un petit peu.

À vingt heures, tout le monde est autour de la table. Je n'ai qu'une hâte, faire la vaisselle, me débarbouiller et aller dans ma chambre réviser ma musique. Je m'assois sur mon lit, sors ma partition et souffle dans la flûte, mais pas trop fort pour ne pas qu'on m'entende.

Mais la voix de mon père retentit :

– Éteins la lumière et arrête avec la musique ! Tu empêches tout le monde de dormir !

– Oui, oui…

– Arrête ta musique ! crie à son tour Nicolas. Tu nous embêtes, il est l'heure de dormir ! Vraiment, il n'est plus l'heure de sortir les canards !

Le spectacle de Noël arrive vite. Nous avons préparé chants et musique. J'adore ça. Bien sûr, je ne fais pas le solo à la flûte puisque pour la musique, comme pour tout, il fallait s'entraîner et je n'ai pas pu le faire comme j'aurais aimé.

L'instituteur a mis en scène les chants. C'est nouveau ! Les poésies se transforment en pièces de théâtre. Les parents sont tout étonnés, émerveillés.

Pour la nouvelle année, ma mère décide que je dois écrire une carte de vœux à ma marraine. Je n'y arrive pas.

– Je ne sais pas quoi écrire !

– Tu écris : bonne année, bonne santé, ma marraine. Tu es grande maintenant ! À neuf ans, tu devrais savoir !

Pour m'aider, elle me fait un modèle que je m'applique à recopier.

– Même quand tu recopies, tu fais des fautes !

Ma mère commence alors à comprendre que j'ai de grosses difficultés pour écrire. Malgré tout, à force de travail pendant les cours et grâce à la douceur de mon enseignant ainsi qu'à l'aide à la lecture de Nathalie, je progresse de plus en plus.

Je peux au moins essayer de me débrouiller pour lire les exercices.

Un jour, M. Beau réussit à convoquer ma mère.

– Je rencontre beaucoup de problèmes avec Aline. Elle a de nombreuses difficultés en français. Elle confond les lettres : le P et le B, le G et le J, le M et le N. Je ne sais plus quoi faire. Heureusement qu'elle a une bonne mémoire, ça la sauve pour la récitation, la conjugaison et les tables de multiplication. Elle a aussi des difficultés de concentration. Elle fait des efforts, mais il faut qu'elle fasse ses devoirs.

Plus tard, on donnera un nom à mes problèmes : la dyslexie.

Et moi, encore plus tard, alors que je suis devenue maman, j'entends parler de cette maladie. Un trouble de la lecture et de l'écriture. À l'époque, on pensait que c'était un manque d'intelligence et non pas un handicap.

Maman entreprend de me faire faire les devoirs le soir même. À peine a-t-on commencé que mon père l'appelle pour aider la vache à mettre bas.

Sauvée ! Je pars aussitôt nourrir les lapins…

Je passe en CE2, Nathalie aussi ! Et la vie continue, avec ses hauts et ses bas. À l'école, je peux m'appuyer sur M. Beau et Nathalie pour la lecture des exercices. Avec leur aide, j'avance.

À la maison, les nuits d'enfer se multiplient.

Une nuit, réveillée par les hurlements de ma mère, je crie le plus fort possible pour que mon frère, à l'autre bout de la ferme, m'entende.

Il arrive en courant, mais trop tard.

Sous les coups de mon père, maman gît sur le sol carrelé de la cuisine. Elle hurle de douleur. Angèle et moi n'avons rien pu faire.

Deux gamines, en mode guerrière, ça ne suffit pas à faire barrage à mon père. L'emprise de l'alcool le rend fou à tel point que dans ces moments-là, les démons de la guerre ressurgissent et il se met à parler allemand.

– Va-t'en ! lui crie Gérard. Qu'est-ce que tu as encore fait ? Regarde dans quel état elle est !

Il prend ma mère dans ses bras et la porte sur le lit. Robert clame qu'il ne l'a pas fait exprès. Pendant ce temps, l'odeur d'une poignée de cheveux grillant sur le poêle à bois nous saisit. Je suis en colère, très en colère contre mon père.

Jamais, jamais, je serai comme ma mère ! Jamais un homme ne lèvera la main sur moi. Je m'en fais le serment.

Le lendemain, clouée au lit, maman ne peut pas bouger d'un pouce. Mon père ne veut pas appeler le médecin. Il a honte.

Je vais chercher Chantal qui travaille à côté.

– Viens vite, il faut emmener maman à l'hôpital ! Il s'est passé un truc cette nuit.

Ni une ni deux, elle prend la voiture et voilà Geneviève partie pour l'hôpital.

Le diagnostic tombe : fracture de la hanche.

Deux mois d'hospitalisation.

Comment faire sans celle qui ne faisait pas de bruit, mais qui gérait les comptes, les repas, bref, qui faisait tourner la baraque ? À quatre-vingts ans, le grand-père ne peut plus faire grand-chose pour nous. Assise dans les escaliers, je lui souris. Il me raconte des histoires pour me consoler.

– C'est notre faute, lui dis-je, on n'a pas entendu tout de suite. Avec Angèle, on dormait trop.

– Non, ma petite-fille, dit-il en me regardant d'un air sérieux, écoute bien, une dame va venir à la maison mercredi pour voir si elle est propre et pour discuter un peu avec toi. Elle va décider si Angèle et toi, vous restez avec nous ou si vous allez vivre dans une autre maison.

– Mais non ! Je veux rester avec toi ! On travaille bien avec Angèle ! La maison est propre et maman va bientôt revenir !

– Ne t'inquiète pas ma petite-fille, ça va aller. Je serai là et M. le maire sera là aussi.

Avec Angèle nous sommes bien inquiètes.

En attendant ce mercredi, nous faisons tout pour que la maison soit parfaitement propre, la cour aussi, les poules rangées dans leur poulailler.

Rien ne traîne.

Le père est inquiet. Pas une bouteille à l'horizon et il est parfaitement sobre.

La dame arrive avec ses documents. Tout le monde s'assoit autour de la grande table de la cuisine.

Angèle et moi sommes dehors. On attend.

À l'intérieur, ça discute ferme.

L'assistante sociale nous fait entrer.

– Est-ce que vous êtes bien ? Est-ce que votre père est gentil avec vous ?

– Oui, bien sûr qu'il est gentil ! Tout va bien.

– Qu'est-ce qu'il est arrivé à votre mère ?

– Elle est tombée, elle a glissé… On ne sait pas.

Avant de partir, M. le maire me tapote gentiment la tête.

– Ça va aller les filles. Ne vous inquiétez pas, vous allez rester ici.

– Merci monsieur. Au revoir.

Quelques jours plus tard, le maire revient avec des papiers pour que Robert signe. Nous resterons à la ferme.

Mais à la moindre hospitalisation de notre mère, ça ne se passera plus de la même façon.

Sans maman, l'été est long.

Nathalie vient à la ferme tous les jours, mais je ne lui parle jamais de mes nuits d'enfer.

– Elle est où ta mère ?

– À l'hôpital. Il a fallu qu'elle se fasse opérer de quelque chose.

– De quoi ?

Je baisse les yeux.

– Je ne sais pas.

On ne parle pas de ces choses-là, même entre nous.

En attendant le retour de Geneviève, Angèle et moi préparons le souper et nous occupons de toutes les tâches ménagères.

Robert lui achète un fauteuil pour se faire pardonner. Quand elle rentre à la maison, il est aux petits soins. Gérard récupère une télévision qu'il installe dans la cuisine pour que maman puisse la regarder en se reposant.

Juste avant le retour de maman, Gérard menace mon père :

– Tu ne touches plus à la mère, sinon tu auras affaire à moi !

Derrière lui, je réplique :

– Tu ne fais plus ça !

– Je vous ai déjà dit que je ne l'ai pas fait exprès, nous répond-il.

– Fais attention ! dit Gérard.

Pendant quelque temps, maman se déplace avec une béquille lorsqu'elle n'est pas confortablement installée dans son fauteuil. La mère de Nathalie, infirmière, vient tous les jours lui prodiguer des soins. Elle refuse de voir le kiné prétextant qu'elle est assez forte pour faire les exercices elle-même. Je soupçonne qu'elle ne veuille déranger personne car il faut l'emmener au cabinet sur Mantes.

Chapitre 3

Ma nouvelle institutrice : retour à la case départ

Rentrée septembre 1971. Je rentre en CM1.

Brune et pas souriante, ma nouvelle institutrice, Mme Dupont, nous demande d'entrer dans la classe en silence.

– Les CM1 côté porte, CM2 côté fenêtre. Installez-vous comme vous voulez.

Bien sûr avec Nathalie on se met à la même table. Un peu excitées, on a du mal à se calmer. On n'arrête pas de bavarder. Je pense bien reprendre les habitudes que j'avais avec M. Beau.

Mais non, pas du tout.

Mme Dupont nous signale que le moindre bavardage sera sanctionné. Alors, si j'ai besoin de demander à Nathalie de me lire un mot que je ne comprends pas, comment je vais faire ?

– Bon, les bavardages incessants, ce n'est pas possible !

On se regarde, on sourit.

Résultat : il ne faut pas longtemps à Mme Dupont pour se fâcher et me changer de place.

– Toi tu files à l'avant-dernier rang ! m'ordonne-t-elle.

Je comprends « au dernier rang ».

– Mais elle ne comprend rien, celle-ci ! s'exclame-t-elle quand je m'assois.

Elle m'attrape par le bras, m'assoit sèchement à côté d'une grande fille que je ne connais pas. Ça faisait longtemps que je ne m'étais pas assise en classe à côté de quelqu'un d'autre que Nathalie.

– Bien, on reprend les règles de grammaire.

Un jour, de sa craie blanche, elle inscrit sur le tableau noir les accords des verbes, les sujets… Le « qui est-ce qui ? ».

Elle va bien trop vite pour moi. Je ne suis pas très grande, au fond de la classe je ne vois rien. Nathalie tourne souvent la tête dans ma direction avec un petit sourire d'encouragement. L'institutrice déambule pour bien surveiller les enfants.

– C'est quoi ça, Aline ? Tu n'avances pas ! Tu n'as rien écrit. Allez dépêche-toi !

Je jette un œil sur ma voisine pour voir si elle peut m'aider.

– Bah, dis donc, tu ne vas pas bien ? réagit ma voisine. Madame ! Madame ! Elle triche ! Elle regarde ma feuille !

Me voilà démasquée.

– Qu'est-ce que je vais faire de toi ? demande-t-elle tout haut.

Pour cette fois, elle laisse tomber.

Puis arrive l'heure du calcul, tout va bien. Je comprends. Grâce à ce que j'ai pu apprendre avec M. Beau, je déchiffre correctement les exercices de calcul. Le temps que je perds dans la lecture et la compréhension, je le rattrape avec les opérations. Et là, je n'ai pas besoin de regarder sur le cahier de ma voisine. Je peux rester concentrée et faire mes exercices aussi vite que les autres.

Ma voisine, qui a une tête de plus que moi, regarde par-dessus mon épaule pour le calcul…

Ce jour-là, c'est un nouvel exercice. Je me trompe et ma voisine, qui a compris que je suis forte en calcul, se trompe aussi en me copiant. Mme Dupont surveille toujours. Elle s'arrête à ma hauteur.

– Mais dis donc, Aline ? Tu as encore copié sur ta voisine !

– Non, non ! Je n'ai pas regardé sur la voisine !

– Fais bien attention ! Tu vas rester en retenue !

Je baisse la tête et ne dis plus un mot. Je sais compter, c'est elle qui triche. J'en ai marre.

Un jour, alors que je lui remets ma dictée criblée de fautes, elle me dit :

– Qu'est-ce que tu vas devenir ma pauvre fille ? Tu finiras illettrée !

Je me demande : *C'est quoi illettrée ?* Cette question restera en suspens pendant longtemps.

Pour moi, en cette nouvelle année, retour à la case départ.

Mais là, c'est fini. Je n'ai plus envie de faire d'efforts.

Les efforts venaient tout seuls avec M. Beau, le plus gentil, le plus patient et le plus drôle des enseignants de mon enfance. Avec lui, j'ai beaucoup appris. Et pas que des matières d'école, mais aussi la musique, le chant, le théâtre… Ses histoires de « Lulu » qu'il écrivait lui-même me captivaient. Pour moi, c'était du bonheur. Ma lecture et mon écriture étaient médiocres, très médiocres, mais bien mieux qu'à la sortie du CP.

La ferme décline de plus en plus. Les parents pensent vendre les vaches et arrêter la culture, trop difficile, car il n'y a plus assez de bras. Ils décident de vendre quelques terrains ainsi que l'élevage de cochons. Il y en a une dizaine dans la porcherie dont un gros mâle reproducteur de deux cent cinquante kilos qui intéresse le marchand de bestiaux. Le jour où il vient le chercher, pas question pour l'animal de quitter les lieux. Il résiste, et broie le genou de mon père de sa mâchoire d'acier.

À mon retour de l'école, le porc a disparu dans la bétaillère et les pompiers ont pris en charge Robert avec sa jambe bien abîmée. Direction l'hôpital. Quelle catastrophe ! Comment la ferme va-t-elle tourner avec mon père ne pouvant même pas marcher pendant plusieurs mois ?

Comme d'habitude, Gérard s'occupe de tout. Il s'occupe des champs, des récoltes, conduit le tracteur, nourrit les bêtes. Angèle et moi l'aidons du mieux qu'on peut après l'école. On travaille dur, mais grâce à lui, nous avons de quoi manger tous les jours.

Robert revient de l'hôpital avec des béquilles. C'est l'année de la dernière moisson. Mes parents vendent les terrains.

Il faut que Gérard trouve un emploi, lui qui pensait prendre la succession de la ferme.

C'est un jeune homme fort et courageux. Il trouve immédiatement un travail à cinq kilomètres, dans une entreprise de terrassement : bulldozers, pelleteuses, camions. Il apprend vite à conduire tous ces gros engins. Il est heureux de découvrir autre chose que la ferme.

À deux pas, une entreprise d'imprimerie s'installe. Le jeune entrepreneur a besoin de main-d'œuvre et demande à mon père si le travail d'entretien des locaux et de gardien l'intéresse. Mon père accepte. Il a déjà travaillé pour la commune en tant qu'éboueur, garde champêtre, fossoyeur… en plus de son travail de paysan. Alors l'entretien des locaux, ça ne le gêne pas. C'est toujours un revenu supplémentaire. Toujours la même optique : travailler pour manger, travailler pour vivre. Mon père est quelqu'un de courageux.

Il est heureux dans son nouveau travail. De plus, chez l'imprimeur, il ne boit pas sa vinasse.

La petite entreprise fonctionne bien. Le patron décide d'embaucher aussi Geneviève qui a repris le dessus. Comme elle a son certificat d'études, il la recrute pour aider sa femme à la reprographie.

À la maison, ça va mieux, les finances, l'ambiance.

Je peux même partir en colonie de vacances dans le Jura !

En colo, maman m'envoie un petit colis de bonbons et de gâteaux que je partage avec les autres enfants. Le moniteur me dit d'écrire une carte pour remercier mes parents. Au bout d'un moment pendant lequel ma feuille reste blanche, il me propose de me la dicter, mais je n'arrive pas à écrire. Comme à chaque fois que quelqu'un est à côté de moi et attend que j'écrive, je suis paralysée.

Il finira par l'écrire lui-même.

Nicolas m'emmène souvent avec lui au club hippique. Je l'aide à nettoyer les box, mettre de la paille propre, du foin. Parfois, je prends mon petit déjeuner avec le patron et la patronne du club.

– Dis donc, petite, est-ce que ça t'intéresserait d'apprendre à monter à cheval ?

Je fais un grand oui de la tête et je reçois un coup de coude de la part de Nicolas.

– On dit : Oui, monsieur !

Je regarde mon frère avec des yeux qui brillent.

– Nicolas va commencer par t'enseigner la voltige pour que tu puisses avoir une bonne assiette, me dit le patron.

Quelle belle surprise ! Quel beau cadeau !

Nicolas m'apprend tout : panser les chevaux, récurer les sabots, installer la selle, la bride, ainsi que tout l'équipement et aussi à me tenir correctement à cheval.

Sans aucun doute, ces moments sont parmi les plus beaux souvenirs de mon enfance.

Les journées d'école sont toutes redevenues plus tristes les unes que les autres. Je regarde souvent par la fenêtre pour observer mon ancien instituteur faire du sport et jouer au ballon avec ses nouveaux élèves.

– Arrête de rêvasser, concentre-toi !

Je sursaute !

– Écris plus vite. Il faudra faire tes devoirs et préparer la dictée pour une fois.

J'essaie de m'appliquer, de bien recopier les mots écrits au tableau sans trop faire de fautes.

Nous rentrons ensemble avec Nathalie.

– Demain, c'est mercredi, si tu veux, je peux préparer la dictée avec toi ? me propose-t-elle.

– L'après-midi parce que le matin je vais avec Nicolas m'occuper des chevaux.

Je passe cet après-midi à travailler la dictée avec Nathalie. J'écris les mots jusqu'à ce que je les sache correctement. Elle me les dicte même. Je recommence à les recopier le soir. Le lendemain matin, sur le chemin de l'école, je révise encore avec Nathalie.

L'heure de cette dictée arrive. Je suis confiante. Je ne suis pas rapide, mais ça se passe très bien. Pour une fois, j'ai le temps d'écrire tous les mots.

Cette fois ça devrait aller.

L'institutrice ramasse les cahiers du jour pour faire la correction pendant la pause déjeuner. En début d'après-midi, elle rend les cahiers du jour en commençant par les meilleures notes. Elle finit par moi.

– Peux-tu me dire comment tu as fait pour ne faire que cinq fautes à cette dictée de mots ?

Je hausse les épaules.

– J'ai fait mes devoirs.

– Tu ne fais jamais tes devoirs.

– J'ai fait mes devoirs, dis-je d'une voix plus forte, j'ai fait mes devoirs !

– Ne fais pas ton arrogante ! Ça suffit !

– Mais si, j'ai préparé ma dictée ! Je vous dis que j'ai préparé ma dictée !

– Alors toi, tu vas rester en retenue ce soir et arrêter de répondre !

Alors ça ne sert à rien que je fasse mes devoirs. Elle est méchante !

C'est fini, je ne ferai plus rien !

Je prends mon cahier et le range dans mon sac.

Seize heures trente arrivent.

– Toi, tu restes ici ! Je t'ai dit que tu étais en retenue ce soir ! Tu t'assois, tu ne bouges pas !

Il est fréquent que Mme Dupont me sermonne. Elle ne comprend pas mes difficultés et encore moins mes efforts. Elle pense que je suis bête, menteuse et tricheuse. Mais pas du tout ! Au contraire, mes parents ne rigolent pas avec l'éducation. Ma mère me dit toujours : « Avec la politesse et l'honnêteté, tu passeras partout, ma fille. »

À onze ans, mon caractère commence à s'affirmer. Je réponds de plus en plus à l'institutrice, je lui tiens tête de plus en plus.

Nathalie insiste pour que je fasse mes devoirs avec elle. Alors de temps en temps, je le fais, pour lui faire plaisir, et surtout pour que l'on passe un bon moment ensemble.

L'année du CM1 finit par s'achever. Je passe automatiquement en CM2 parce que j'ai déjà onze ans, presque douze.

Une deuxième année avec Mme Dupont !

À l'image de la première année.

Dès le premier jour, elle m'installe à la dernière table et Nathalie au premier rang. Toute l'année, les hauts et les bas se succèdent. Tantôt elle oublie que j'existe et d'autres jours, elle en a après moi. Elle va jusqu'à convoquer la maman de Nathalie pour lui demander que Nathalie ne « traîne » plus avec moi car je suis une mauvaise élève.

Toutes les deux, nous détestons Mme Dupont !

Au bout d'un moment, je ne veux même plus ouvrir mon cahier. Dans ma tête revient toujours cette petite phrase : « Ça ne sert à rien que je vienne à école. »

Au printemps, la maman de Nathalie qui travaille à la maison de retraite nous demande si on veut bien organiser un petit spectacle pour les personnes âgées. Ravies, nous demandons à d'autres copines de s'associer à nous.

Il n'est plus question de flûte et de chants, mais de mise en scène pour les sketches, de chorégraphie sur des chansons de Claude François et de Michel Fugain. Les copines fournissent les trente-trois tours, moi je n'en ai pas.

Je m'occupe de la chorégraphie, j'aime bien danser. Je ne loupe pas une émission de variétés à la télévision. Ça tombe bien, maman adore ça. Elle, bien installée dans son fauteuil que papa lui a acheté, et moi sur le banc de la cuisine.

Papa allume la télé. Plus un mot.

Avec la télévision, je peux reconnaître les chanteurs qui sont sur les pochettes de disques. Comme je suis en charge de la chorégraphie, il faut que je reste bien attentive aux nouveaux pas de danse.

Le spectacle est un franc succès. Quatre fillettes sur scène faisant des sketches, dansant comme les « Claudettes »... rien que de voir nos bouilles, les personnes âgées sont heureuses.

Malgré toutes mes lacunes en orthographe, je passe en sixième.

Passage obligé : j'ai bientôt treize ans.

Pendant les vacances, il faut que je trouve un petit travail. Le bus est cher et la cantine aussi. Un jour, je fais une halte à l'imprimerie où travaillent mes parents.

Charlotte, la fille de l'imprimeur, est là, une jolie rousse plus âgée que moi.

– Mais qu'est-ce que tu fais ?

– Je travaille un petit peu pour me faire une pièce, me répond-elle. Les études, ça coûte cher. Les affiches de Mickey que tu vois là, devant toi, je les mets par paquets de dix. Un livreur va venir les chercher demain.

– D'accord, je vais voir maman.

Dans son bureau, le patron me rappelle :

– Dis donc, petite, ça te plairait de gagner un petit peu d'argent ?

– Oui, monsieur.

– Tu pourrais aider Charlotte, tout le mois de juillet, à préparer les commandes.

– Ah bah oui, merci.

Toute contente, je rentre à la maison pour équeuter mes haricots verts, les laver pour qu'il ne reste plus qu'à les mettre en bocaux et à les stériliser.

Le lendemain matin, à huit heures, comme mes parents, je me tiens droite, très fière d'aller travailler. Charlotte est déjà là.

– C'est bien que tu viennes m'aider car j'ai beaucoup de choses à préparer. Regarde tous ces grands posters : il faut les rouler par dix et mettre un élastique. Ensuite, tu les déposes dans le carton.

Tout au long de la matinée, elle me donne des directives. Rien de compliqué, juste un peu de travail manuel que j'effectue tout le mois de juillet. Il ne me reste pas beaucoup de temps à passer avec Nathalie, ni au club hippique avec mon frère, mais une belle récompense m'attend.

Le patron me tend une enveloppe.

– Tiens, c'est pour toi, tu l'as bien mérité.

Tout excitée, je cours jusqu'à la maison.

– Maman ! Maman ! J'ai une enveloppe !

– Tu as ta paie ? Eh bien, ouvre-la, qu'est-ce que tu attends ?

Avec délicatesse j'ouvre l'enveloppe.

– Aaah ! Regarde ! Un gros billet !

– Tu vas pouvoir t'acheter ton vélo pour aller au collège.

J'en sautille de joie ! Mon vélo acheté, je suis prête pour la sixième. Il me reste même un peu de sous pour m'acheter quelques vêtements et des chaussures. Je ne veux surtout pas aller au collège avec mes vieilles godasses.

Pour bien repérer le chemin, nous nous entraînons avec d'autres enfants à nous rendre au collège à vélo, à sept kilomètres.

Le jour de la rentrée en sixième, je cherche Nathalie qui a pris le bus.

Pour la première fois, nous ne sommes pas dans la même classe. Nous sommes complètement séparées. Nathalie est dans une classe des « bons » élèves.

Dans la mienne, pas de cours d'anglais, et juste trois enseignants pour les matières principales. Je vois bien que ce n'est pas une classe comme les autres.

La voie de garage commence.

Pour moi, cette année de sixième est insignifiante. Je n'apprends pas grand-chose. Nathalie est très occupée avec tous ses devoirs. Moi, quand il n'y a pas cours, je préfère aller au centre d'équitation monter à cheval avec mon frère.

À la fin de la quatrième, j'ai quinze ans et demi. Je dis adieu à l'école. Je n'attends que ça pour gagner ma vie. D'ailleurs j'ai commencé à travailler dès la cinquième dans un hôtel-restaurant le week-end et le mercredi. L'établissement est tenu par Mme Étienne, une personne charmante, souriante. Quand j'arrive le matin, elle m'a déjà acheté un croissant et elle me sert un chocolat chaud.

Je fais le ménage de la salle de restaurant, je l'aide en cuisine. Le mercredi, je nettoie les quelques chambres de l'hôtel. Je sers pour les mariages, les banquets. Ces trois années passées auprès de

Mme Étienne m'apprennent beaucoup de choses du quotidien, comme tenir une maison et cuisiner.

Jamais elle ne me demande de prendre les commandes. Je me doute que Chantal, bienveillante, l'a prévenue que l'écriture n'est mon fort…

Mon frère Nicolas part à l'armée à Compiègne dans une école militaire équestre. Toujours le monde du cheval, il en est très fier. Il continue à gagner des concours hippiques. Quelques mois plus tard, un cheval apeuré fait une ruade. Mon frère, derrière lui à ce moment-là, se prend le sabot en plein abdomen : perforation des intestins. Nicolas reste quinze jours dans le coma après une grosse intervention et deux mois à l'hôpital militaire où on lui procure les meilleurs soins possible.

Pour lui, les chevaux, c'est fini.

Chapitre 4

Mon premier « vrai » travail

– Le jour de tes seize ans, il faudra que tu cherches un travail stable, m'avait dit ma mère. Tu auras un numéro de sécurité sociale.

En octobre, juste après mes seize ans, mon frère Gérard me propose de travailler dans un restaurant. Je fais ma journée d'essai. Je reçois les clients, les installe, mais au moment de prendre la commande, je commence à rougir, à me sentir mal.

J'en suis incapable. J'écris comme je peux et dépose la commande en cuisine.

– Viens voir par là ! s'exclame le cuisinier. Tu peux me dire ce que tu as écrit là ?

– Oui, deux pâtés de tête, deux escalopes à la normande.

Je sens mes joues rougir. Après ce fiasco, discrètement, le patron se charge des prises de commandes. Et moi, je me cantonne au service.

Je suis remerciée le soir même.

Le samedi soir arrive à grands pas, nous avons tous rendez-vous au petit bistrot avant d'aller au cinéma.

Je demande un diabolo menthe à la patronne avant d'aller m'asseoir avec mon frère Nicolas et les amis à une table au fond du bar. Je suis la plus jeune, toujours chaperonnée par mon frère.

– Tu veux aller voir quel film ? me demande-t-il, en me montrant le journal.

– Comme tu veux.

Je reste près du juke-box, vu que je ne pourrais pas lire les titres des films. Même avec les amis, surtout avec eux, je ne veux pas avoir honte.

Comme prévu, après le ciné, la crêperie. La serveuse distribue les menus. Je me fais petite pour ne pas qu'elle m'en donne un. Nicolas me sauve.

– Comme c'est moi qui paie, c'est moi qui choisis ta crêpe, une crêpe au sucre ! me dit Nicolas.

– Oui, c'est bien, c'est celle que je préfère.

– Tu peux en choisir une autre, tiens, prends le menu.

Je n'aime pas beaucoup quand il fait ça. Je n'y connais rien, je vais dire n'importe quoi encore.

– Non, non, c'est parfait une crêpe au sucre.

Que ce soit le choix d'une musique, d'un film ou d'une crêpe au menu, je me mets en retrait, je ne dis rien. Juste un « Oui, comme vous voulez » ou « Si vous voulez ». Je ne suis pas contrariante. Les autres pensent peut-être que c'est par timidité, oui, mais pas seulement.

Après l'essai raté dans le restaurant, je reprends mes recherches pour un emploi. Comme je ne peux pas envoyer de lettre de candidature, je sillonne la ville voisine pour trouver du travail, sans aucun succès.

Trop jeune, pas qualifiée, ou bien, il faut que rédige une demande.

Patricia, une connaissance, me parle d'une usine de pâtisserie où elle travaille depuis un mois, à dix-huit kilomètres de chez moi.

– Tu devrais te présenter à Septeuil, me dit-elle, ils ont besoin de personnel pour la fabrication des galettes des rois. La saison va commencer.

– Je ne connais pas ce village. Et comment je fais pour y aller ?

– Demain, tu peux venir avec ma mère lorsqu'elle viendra me chercher à seize heures.

Le rendez-vous est pris.

La route n'en finit pas. Enfin nous voilà arrivées devant une bâtisse style entrepôt. Elle m'indique une petite porte. Je frappe et entre dans la pièce. Un homme se tient debout derrière son bureau.

– Bonjour monsieur, je viens pour vous demander si vous embauchez.

– Oui, c'est possible, mais quel âge as-tu ?

– Seize ans.

– Où habites-tu ?

– À côté de Mantes.

– C'est loin ! Tu viendras comment ?

– Avec Patricia.

– Bien. Tu commences lundi pour un essai d'un mois, tu seras payée au Smic, quarante heures par semaine, me répond-il.

– Tu peux faire le nécessaire pour qu'elle puisse commencer lundi à sept heures ? demande-t-il à sa secrétaire.

Elle enchaîne sur une série de questions : nom, prénom, âge, adresse.

Ouf ! Pas de lettre à faire, rien à remplir ! Elle me demande juste une fiche d'état civil pour le dossier de sécurité sociale.

De retour à la maison, j'annonce la bonne nouvelle. Maman pense que c'est trop loin et que je ne vais pas y arriver.

Les premiers jours, j'y vais en voiture avec la mère de Patricia qui nous emmène. Ensuite, Marcel, que je fréquente depuis peu, me prêtera sa mobylette.

Lundi matin. Sept heures, j'arrive à l'usine. En deux temps, trois mouvements, me voilà installée devant une table en inox avec une pile de moules à tarte en fer et un rouleau à pâtisserie. La cheffe ordonne à la collègue installée devant moi :

– Marinette, apprends-lui le travail.

Ça consiste à mettre la pâte dans les moules à tarte. Je ne parle pas. J'observe. J'écoute. L'ambiance est assez bonne.

Le lendemain, changement de poste : j'engouffre les tartes dans le four géant au tapis roulant. Elles en ressortent dorées dix mètres plus loin. À la sortie du four, des filles démoulent et emballent les pâtisseries dans des cartons.

Au bout de quelques jours, je commence à me sentir bien. Je change de poste souvent. Pas de routine, contente de travailler. Ça me convient.

Pas besoin d'écrire, juste savoir compter pour peser le beurre, la farine et l'eau. Compter, je sais faire. Travailler de mes mains aussi. Mes parents m'ont appris.

Au bout d'un mois, un gros camion percute ma mobylette sur le côté. Pompiers, hôpital, la mobylette complètement fichue. Traumatisme crânien et cheville cassée. Je suis inquiète pour mon travail… Arrivée à la maison, je dois envoyer mon arrêt de travail. Je fais comment ? Ma mère prend les devants.

– Prends une enveloppe et écris l'adresse qui est marquée sur ta fiche de paie. Là, regarde, recopie correctement.

– Non, tu le fais. Je ne sais pas mettre une adresse sur une enveloppe.

– Tu recopies sur une feuille blanche jusqu'à ce que tu y arrives.

Je m'exécute. Maman m'a ainsi appris à m'entraîner à remplir les papiers administratifs ainsi qu'à mettre le timbre sur l'enveloppe une fois l'adresse écrite. On sait jamais, qu'il faille recommencer et utiliser une nouvelle enveloppe parce que j'ai fait des fautes sur la première…

Je reprends le travail un mois plus tard avec une nouvelle mobylette flambant neuve, payée avec mon premier salaire.

À mon retour, le patron m'apprend à faire les pétrins. Je vais devoir porter les sacs de cinquante kilos de farine. Il écrit les proportions sur le mur, mais je n'arrive pas à les déchiffrer. Ma collègue me propose de m'aider à porter les sacs. Je lui dis ne pas comprendre l'écriture du patron pour qu'elle me lise les mots sur le mur. Je les enregistre, les visualise. J'apprends par cœur, comme une récitation.

Chapitre 5

La vie en couple

Avec Marcel, nous avons grandi ensemble. Il connaît mes parents depuis toujours ainsi que leur problème d'alcool car maman, fatiguée par la vie, s'y est mise aussi. Présenter mes parents à un inconnu m'est donc difficile.

Pourtant, il y a bien ce pâtissier avec de jolies boucles blondes qui me sourit tout le temps. Il faudrait être aveugle pour ne pas voir qu'il en pince pour moi.

Mais je choisis la facilité plutôt que de risquer le jugement de ce jeune homme si je lui présente ma famille.

Marcel, lui, connaît déjà ma famille, avec ses défauts et ses qualités. Il veut se marier pour ne pas faire l'armée. Marié avec un enfant lui permet d'être exempté. Moi je veux un joli bébé, une belle famille. J'ai la tête pleine de rêves. Je crois au Père Noël.

– Papa ! Marcel et moi avons décidé de nous marier.

– Tu n'es pas un peu jeune, à dix-sept ans ? Tu es sûre ? Il n'est pas facile, il a mauvais caractère.

– C'est toi qui dis ça ? Tu t'es vu ? Il n'est pas feignant. De toute façon, ma décision est prise.

Pour préparer le mariage, le rendez-vous avec le prêtre a lieu en même temps que d'autres couples. Il nous demande de remplir quelques documents. Les stylos sont déjà sur la table. Je déplace discrètement les papiers et le stylo devant Marcel pour qu'il s'en charge.

Bon ça, c'est réglé.

Le prêtre nous propose plusieurs types de cérémonies. J'en choisis une où je n'aurai pas à lire tout haut quoi que ce soit…

Le prêtre, avec son regard insistant, me met mal à l'aise.

Un mois avant le mariage, toujours pas d'endroit pour vivre chez nous.

Je me rends à l'agence immobilière de la ville voisine. Il y a un appartement à louer au-dessus de chez mon frère. La dame de l'agence me dit que nous pouvons payer le loyer en liquide tous les mois, mais il faut un chèque pour la caution. Marcel fera le chèque de caution et je paierai le loyer en liquide tous les mois.

J'ai juste à signer le contrat de location.

Nous voilà locataires d'un petit deux pièces avec la douche dans la cuisine et les W-C sur le palier. Je suis au comble du bonheur, une douche, ça change de la bassine d'eau chaude, et le palier, c'est moins loin qu'au fond de la cour et moins froid en hiver !

Le jour du mariage arrive, je suis vêtue d'une jolie robe de mariée. Mon père me tient fièrement le bras pour me conduire à la mairie. Sans oublier de me dire qu'il fallait qu'il signe ce jour-là son autorisation car je n'avais que dix-sept ans et je suis mineure.

Très rapidement je m'aperçois que je suis enceinte. Je suis vraiment heureuse. Je me rends chez le gynécologue avec Chantal. Vient le moment où il me parle du carnet de maternité, des papiers à envoyer à la sécurité sociale, des volets pour les allocations familiales…

Et voilà qu'il les remplit lui-même. Ouf !

Il me dit de l'appeler si j'ai des questions.

Ce monsieur est très humain. Je lui fais confiance. Je l'appellerai souvent sans pour autant lui avouer mes problèmes de lecture et d'écriture.

Mon ventre s'arrondit. Un jour, Chantal me tend une lettre écrite par Gérard mon frère, parti en déplacement. Incapable de lire un seul mot, je fais semblant d'être attentive à tous ceux qui sont écrits, un à un, bien que je sois incapable de les lire. Je tourne la feuille comme si je continuais à lire au verso.

Même dans ma famille, mon illettrisme est un déni.

Pendant la grossesse, j'ai besoin de Chantal pour qu'elle m'aide à préparer les petites affaires de mon futur bébé. Je la bombarde de questions : quels produits de toilette je dois prendre, quelles marques, où les achète-t-elle ?

Nous allons ensemble les acheter chez le pharmacien. Elle sélectionne les produits, je n'ai plus qu'à retenir les noms ou à découper le nom sur la boîte pour ensuite présenter le carton au pharmacien.

Tout au long de ma grossesse, ma sœur Chantal est là, près de moi. Cela me rassure.

J'entreprends de tricoter à la main des brassières pour le bébé. Chantal m'a appris à tricoter, mais je ne sais faire que des bonnets ou des écharpes. Pas besoin de magazines de tricot. Mais pour une brassière, il faut savoir lire… Chantal a beau me lire les explications, lorsqu'elle est à côté de moi, ça va, mais lorsque je me retrouve toute seule devant le magazine, ce que je tricote ne ressemble pas toujours au résultat attendu…

21 octobre 1979. Il est temps de partir à la maternité. Nicolas nous emmène Marcel et moi. Ils me laissent devant la porte avec ma valise et repartent.

J'aurais bien aimé que Marcel reste avec moi, au moins dans le couloir.

Mon père avait ses défauts, mais il nous a tous mis au monde. Le courage était là. Quelques heures plus tard, un joli bébé de trois kilos se blottit contre moi. J'ai choisi son prénom depuis longtemps : Céline.

Pour ne pas faire de faute avec son prénom, je me suis entraînée à l'écrire tout au long de ma grossesse.

Le lendemain, après sa journée de chasse... Marcel arrive avec deux-trois bricoles pour me faire plaisir, notamment un petit livre de mots mêlés ! Avec lui non plus, nous n'avons jamais abordé mon problème de lecture...

Je lui dis que je ne sais pas faire ça, que je ne connais pas du tout. Il m'explique la liste de mots sur le côté, les mots cachés en diagonale... qu'il faut retrouver ou rayer.

Je n'ai que faire de son truc.

Après mon congé de maternité, je reprends le travail à l'usine. Je dépose Céline chez ma belle-sœur Béatrice avant de remonter sur ma mobylette. Cela me fait mal au cœur de laisser mon bébé, mais il faut bien retourner à l'usine. Quelques semaines plus tard, j'invite une autre belle-sœur, Antoinette. Pour lui faire plaisir, j'entreprends de faire un gâteau au chocolat et le napper de crème anglaise. Chantal m'a expliqué comment faire cette crème qu'elle fait si bien. Elle m'a aussi donné un petit livre de recettes pour débutant. Je déchiffre les ingrédients, mais je n'arrive pas à bien lire l'explication pour la confection du gâteau.

Ma crème se met à bouillir... Elle est complètement fichue.

Tant pis il y a tout de même le gâteau au chocolat. Là, il suffit de déchiffrer les ingrédients : chocolat, farine, sucre, œuf, un peu de levure, peser et tout mélanger. Et puis, je connais la recette par cœur.

Donc, pour la venue d'Antoinette, il y a quand même un dessert.

Pendant que les hommes sont à la chasse, Antoinette m'annonce qu'elle est enfin enceinte.

– Moi aussi j'ai un truc à te dire, je suis peut-être enceinte.

Sceptique, elle ne me félicite pas vraiment.

– Ce n'est pas trop tôt ? Tu vas le garder ? Marcel est d'accord ?

Comme si l'avis des autres pouvait m'intéresser... Moi je suis très heureuse d'avoir un autre bébé. Ce n'est pas l'avis de Marcel, ni d'autres membres de ma famille. Leurs arguments m'importent peu.

– Combien t'en veux ? me demande avec dédain une tante.

– Neuf, ma mère en a bien élevé huit et elle nous a inculqué la politesse, l'honnêteté, le courage.

Fin de la discussion. Je garde mon bébé. Je l'aime déjà.

Avec l'arrivée du deuxième enfant, l'appartement sera trop petit.

– Tu as voulu garder l'enfant, tu te débrouilles pour trouver un appartement, me lance Marcel.

Chantal me conseille d'aller à la mairie du village voisin. J'aimerais habiter à côté de mon travail, mais Marcel n'y tient pas.

À la mairie, la dame de l'accueil me donne les directions pour le service logement. À droite, puis à gauche… Ma main gauche… c'est celle où il y a mon alliance, donc la droite c'est l'autre. OK, je tourne à droite.

Des personnes attendent. Ça doit être là. Quelque chose est inscrit sur la porte.

– Bonjour, le bureau pour les logements, c'est bien ici ?

Au bout d'une heure d'attente, une dame me fait entrer. Je lui explique notre situation familiale.

Après m'avoir écoutée, elle me donne une liste de papiers à lui rapporter pour compléter le dossier. J'enregistre sa liste dans ma tête pour la répéter à

Marcel qui rechigne toujours à quitter notre village, mais qui m'accompagnera quand même à la mairie avec le dossier complet.

Neuf mois plus tard, nous emménageons dans un F4 à Limay.

Cela fait plusieurs années que papa, souffrant, doit séjourner régulièrement à l'hôpital, la plupart du temps pour des problèmes gastriques. En septembre 1980, alors que mon ventre s'arrondit, je rentre du travail et file chercher Céline, ma petite chérie.

Mon frère Gérard m'attend. Papa a été opéré d'urgence.

Nous partons à l'hôpital où le chirurgien nous dit, avec des mots détournés que je ne comprends pas, que mon père ne va pas s'en sortir. Nous allons l'embrasser.

– J'ai mal ma petite fille, me dit-il avec un léger sourire.

– Ça va aller, papa.

À peine rentrée chez moi, Chantal m'apprend que mon père est dans le coma. Je veux passer la nuit avec papa, mais Marcel s'y oppose prétextant que ce n'est pas la place d'une femme enceinte. Comme je ne sais pas encore conduire et que je dois m'occuper de la petite, malgré ma tristesse et ma colère qui bouillonnent en moi, je me vois contrainte de rester.

Au petit matin, quand j'apprends qu'il est décédé, je ne peux m'empêcher de reprocher à Marcel sa décision : ma place aurait été d'être près de mon père pour ses derniers instants de vie. Je n'ai pas pu lui dire au revoir. Il n'avait que soixante-trois ans.

M'arrêter de pleurer est impossible et il en sera ainsi jusqu'à la naissance de mon fils. Marcel me répète en boucle d'arrêter de pleurer, que ce n'est pas bon pour le bébé et que je vais mettre au monde un « débile ».

En décembre, pour Noël, Fabrice, magnifique garçon, pointe le bout de son nez. J'ai laissé Marcel choisir son prénom que j'ai recopié plusieurs fois avant la naissance pour le mémoriser.

En février, nous entrons dans notre nouvel appartement si lumineux. C'est Versailles. Une vraie salle de bains, des toilettes dans l'appartement, du parquet, une vraie cuisine et un balcon. Des commerces et l'école à proximité. Je quitte enfin le village.

– Vous devez faire le chèque avant le 5 du mois, me dit la concierge.

Le soir, je demande à Marcel de faire le chèque.

– Pourquoi toujours moi, me répond-il.

– J'ai peur de me tromper, je ne sais pas faire les chèques. Et puis je fais les comptes, je fais à manger et plein d'autres choses, tu peux bien faire les chèques.

– Eh ben, je vais t'apprendre. Je te fais la liste des chiffres de 0 à 20 et à côté je te les écris en lettres.

Il saisit le carnet de chèques et me montre les lignes où il faut écrire la somme, la date, le lieu, la signature.

– C'est quoi l'ordre ?

– C'est le bénéficiaire du chèque.

– Fais-le, cette fois-ci. Je ferai le prochain.

La peur remonte. Je vais m'occuper des enfants car il est l'heure du bain.

Il va surtout falloir que je m'entraîne à écrire les sommes en lettres et je veux le faire seule. Sans sentir un regard sur moi. Ce sera plus facile. C'est trop dur, j'en ai marre d'être bête.

Régulièrement, je m'entraîne les dimanches, quand je suis seule et que les enfants font la sieste. Je ressors les anciennes quittances de loyer où la somme est écrite en chiffres. Je reprends la liste de Marcel et j'essaie de retranscrire les sommes en lettres. Quelle horreur. Ça m'épuise. Au bout d'une heure, je vais réveiller les enfants.

Chapitre 6

Mes enfants à l'école

Céline a l'âge d'entrer à l'école maternelle. Pour l'inscrire, il me suffit d'aller à la mairie avec le livret de famille.

Un jour, alors que mes enfants ont environ deux et trois ans, ma sœur Simone me donne un sac rempli de livres pour enfants. Des contes et surtout… un dictionnaire pour enfants. Pour moi, chercher un mot dans un dictionnaire pour adultes relève de l'impossible. Dans ce petit dictionnaire pour enfants, chaque lettre de l'alphabet est inscrite en majuscule, puis en minuscule, et enfin, en lettre d'imprimerie, avec à chaque fois le mot écrit en entier et l'image représentant ce mot.

Je m'aperçois que mon niveau déjà bas en quittant l'école est descendu encore plus. Je ne suis même plus capable de lire des mots simples. Après avoir reconnu les lettres, j'associe les syllabes puis je ne devine le mot en entier que grâce à l'image correspondante.

Assise par terre sur le parquet de la chambre, ce petit dictionnaire entre les mains, j'analyse mon problème et je l'admets. Je me souviens aussi de la phrase percutante que l'institutrice m'avait jetée au visage : « Tu seras illettrée. » Elle avait raison, j'en prends conscience. Je dois être encore plus maline pour cacher mon handicap à mes enfants.

Ce dictionnaire va m'aider. Je commence à leur montrer les images.

Le bateau. Puis je pose le doigt sur la lettre B. Pour moi, ça reste compliqué, pour eux, c'est un jeu.

Quant à leur lire des contes le soir, mission impossible.

Mon stratagème : après avoir mis le livre de *Blanche-Neige* entre leurs mains, je leur raconte l'histoire en imitant la sorcière dans *Blanche-Neige*. Ça les fait bien rire et surtout, c'est comme ça qu'ils vont aimer les livres. Je voudrais qu'ils développent l'amour de la lecture.

Je travaille toujours à l'usine de pâtisserie et j'y vais toujours à mobylette après avoir déposé les enfants, à sept heures, chez la nourrice qui les accompagne à l'école maternelle. Je peux aller les chercher le soir et la maîtresse prend l'habitude de parler avec moi tous les jours. Je peux lui demander si tout va bien, si les enfants ont besoin de quoi que ce soit. Bien que je m'investisse ainsi, je ne peux pas participer aux sorties scolaires, à cause de mon travail, et ça m'attriste.

À l'entrée en CP des enfants, les choses se compliquent avec les devoirs du soir. Marcel n'a ni le temps ni la patience de s'en occuper.

Je prends l'affaire en main, cela me permet de réapprendre en même temps que mes enfants qui, eux, apprennent facilement.

À l'usine, une nouvelle machine à croissants et à pains au chocolat fait son apparition. Ma cheffe m'explique comment l'utiliser. Une fois prêts à cuire, on doit disposer les croissants dans des cartons et inscrire le nom du contenant et la date de fabrication. Ma collègue Laurette me demande d'écrire tout cela sur le carton. Mais comment je vais faire pour écrire le mot « croissant » ? J'en ai souvent mangé, mais je n'ai jamais observé à la boulangerie comment ça s'écrit, et là, il est un peu tard.

Laurette a l'air de savoir l'écrire, il faudrait que je trouve une solution pour copier sur elle. Pendant que je la taquine, elle écrit « croissants » sur ses cartons. Je me retourne et discrètement, je recopie au plus vite sur un bout de papier. Si je reste trop longtemps dans ses pattes à la taquiner, elle va se douter de quelque chose.

Avec ma petite victoire dans la poche, je retourne à ma machine, ressors mon papier de ma poche et observe ce que j'ai écrit, puis le recopie : « croisan ».

Ah ben voilà, c'est bien. Allez, j'en fais une dizaine, puis direction chambre froide.

Le lendemain, je travaille aux tartelettes avec Danielle. Au bout d'un moment, elle me regarde avec un air hautain.

– Il y a une imbécile dans cette usine qui ne sait même pas écrire le mot « croissant » correctement. Il y a vraiment un ramassis de débiles dans cette entreprise.

Je ne dis pas un mot, je fais comme si je ne savais pas de quoi elle parle.

Puis, elle se vante d'avoir eu son certificat d'études. Je la regarde et lui demande :

– Qu'est-ce que tu fais là, à mettre des tartelettes sur un tapis roulant, si tu as ton certificat d'études ?

– Non, mais tout le monde va à l'école ! Il y a un minimum, me répond-elle. Croissant, il faut deux S, et un T à la fin. Sinon, ça ne veut rien dire.

Danielle est bien plus âgée que moi. Elle a du courage de travailler à l'usine, à son âge. Donc, je la respecte. Mais de là à me faire insulter avec des sous-entendus, ce n'est pas possible. Le rouge me monte au visage.

– Vous savez, madame Danielle, si vous êtes là à mettre des tartelettes sur un tapis roulant, c'est que vous ne valez pas plus cher que cette bande de débiles qui travaillent en usine pour gagner honnêtement leur vie !

Je quitte le lieu avant que mes paroles ne dépassent ma pensée.

Quelque temps plus tard, je suis à la fabrication des feuilletés. Ma cheffe me dit que je dois inscrire le contenu des cartons. Comment veut-elle que j'écrive les mots « plaques feuilletées » ? Ces mots-là sont bien trop compliqués. Et là, je ne peux pas tricher, je suis toute seule. Je la laisse repartir. J'ai vraiment trop honte. Je ne vois pas d'autres solutions que de lui demander de me faire un modèle que je recopierai… sans fautes.

– Écoute Aline, « feuilleté », ça prend deux L et puis voilà.

– Non, madame, je voudrais que vous me l'écriviez complètement s'il vous plaît.

Elle me regarde d'un air bizarre et m'écrit « plaques feuilletées ».

– T'inquiète pas, les autocollants vont arriver bientôt.

Quelquefois, la nourrice m'attend sur le parking avec mes enfants qui me supplient de faire un petit tour de mobylette. Chacun leur tour, je glisse un enfant entre le guidon et le siège. Ça vaut bien un tour de manège !

Puis en route pour la maison, les devoirs du soir attendent. Installés à la table de la cuisine, pendant que je m'affaire à préparer le dîner, je leur demande quels sont leurs devoirs.

Aujourd'hui, le verbe chanter au présent, à apprendre par cœur. Ça je m'en souviens. Je demande ensuite à Céline de l'écrire plusieurs fois pour ne pas oublier les terminaisons. Elle hésite.

– Ce n'est pas grave. On va l'apprendre en chanson. Allez ! On tape des mains : je chante E, tu chantes E_S, il chante E…

Pour le coup, ça me rappelle les bons souvenirs d'école avec M. Beau.

Pour les récitations, j'aime bien les transformer en pièces de théâtre.

Chaque phrase reliée à un geste. C'est bien plus drôle et ça me permet de faire travailler ma mémoire sans avoir besoin de les lire. En fait, je profite de l'apprentissage de mes enfants pour améliorer le mien en matière de lecture.

Et en même temps, je les valorise.

– Maman, maman, mercredi prochain, on refait un tour de mobylette ?

– Profitez-en bien mes chéris, bientôt je vais essayer de passer mon permis de conduire.

Trente kilomètres par jour à mobylette peu importe la météo, cela fait déjà dix ans…

Pour le permis de conduire, c'est surtout le code qui me fait peur.

Je suis incapable de lire le livre de code.

La conduite ne me gêne pas, je sais conduire le tracteur depuis que je suis petite. Mais les réparations de mobylette commencent à nous revenir plus cher que de passer le permis.

Je finis par m'inscrire. Les forfaits code me permettent d'aller aux leçons autant que je veux. Le moniteur de l'auto-école m'explique que lors du diaporama, je dois choisir entre les réponses A, B ou C. Il me recommande de lire plusieurs fois mon livre de code. Pour moi, c'est impossible. Je connais déjà quelques panneaux puisque je fais du deux-roues. Je vais aux leçons presque tous les soirs. J'apprends ainsi par cœur peu à peu.

Le jour de l'examen, je suis la première devant la porte, je ne parle à personne. Pour que rien ne me perturbe ou me déconcentre. J'ai très peur de l'échec.

Je décroche le code du premier coup.

Pour la conduite, la présence de l'inspecteur me paralyse. Il me faudra cinq essais avant d'y parvenir.

Puisque j'ai mon permis, je dois souscrire à une assurance voiture. Je demande tout de suite à l'assureur comment faire un constat. Avoir à remplir le formulaire pour un constat en cas d'accident m'angoisse. Il tente de m'expliquer. Je ne comprends pas grand-chose, mais je ne veux pas lui avouer mon problème.

Je finis par lui dire que ça va aller… et dans ma tête, je me dis qu'il vaudra mieux éviter les accidents. Ce sera plus simple.

Même parmi les amis, les allusions à l'illettrisme ne manquent pas de méchanceté. Lors d'une soirée avec Benoît et Josette que nous connaissons depuis longtemps, Benoît se met à parler d'un collègue qui ne sait pas écrire le mot « stop ».

– Il ne faut pas exagérer, ce n'est pas si dur ! s'exclame-t-il en rigolant. Il doit avoir une case de vide.

Et Marcel d'en rajouter une couche :

– Oui, il est vraiment débile !

Moi je reste là, à les écouter. Ça me fait mal au cœur. Je pense à ce collègue que je ne connais pas. Le pauvre. Moi non plus, je ne sais pas écrire

« stop ». Ils sont vraiment méchants. Ils ne se posent même pas les bonnes questions.

Il y a aussi ces soirées où tout le monde choisit de jouer à un jeu de société.

Scrabble, Monopoly... Il faut écrire des mots, ou bien lire ce qui est écrit sur les cartes. À chaque fois je prétexte que je n'aime pas ces jeux et que je préfère les jeux de cartes comme la belote ou le rami ou encore les jeux de dominos.

Lorsqu'il entre en CE2, mon fils Fabrice rencontre une enseignante plutôt sèche et sévère. Elle me rappelle mon premier instituteur : elle aussi, le mot « discipline » fait partie de son vocabulaire quotidien.

À la fin de l'année, elle juge que Fabrice n'est pas assez mature. C'est un enfant joyeux, c'est sûr, et il aime faire le clown. Alors du point de vue de l'institutrice, il manque de « discipline » pour passer en CM1, même avec 8 sur 10 de moyenne. En réalité, elle l'a dans le nez.

Je m'oppose au redoublement et j'en parle au directeur de l'école. Il m'apprend que je ne suis pas la première maman à me plaindre de cette institutrice.

Fabrice passe en CM1 comme il le mérite, et l'institutrice ne revient pas l'année suivante.

Marcel a toujours en tête de retourner dans notre village natal. Moi, je m'y oppose bec et ongles dans un premier temps. Il est hors de question que mes enfants aillent dans l'école où j'ai tant souffert et souffre encore trop de mauvais souvenirs.

Mon frère nous demande de lui racheter une partie de la maison. Marcel tient à l'acquérir. Je n'ai pas envie de l'entendre hurler pour me convaincre et faire preuve de vulgarité devant les enfants. Je finis par accepter, mais sous condition que les enfants ne changent pas d'école.

Marcel veut cette maison, mais il n'a pas le temps de s'occuper des papiers. Je dois m'occuper de la demande de crédit. Heureusement que Chantal m'aide et m'accompagne pour remplir les papiers à la banque. Une fois le crédit accepté, nous revenons vivre dans ce petit village, dans une partie de la ferme où j'ai grandi.

J'ai l'impression de faire machine arrière.

Chapitre 7

De l'usine au service restauration de l'hôpital

Depuis l'âge de seize ans, je travaille à l'usine de pâtisserie. Cela fait donc quatorze ans que je fais trente-six kilomètres aller-retour tous les jours. J'ai à peine trente ans. Serai-je assez forte pour continuer à ce rythme jusqu'à la retraite ?

Mes sœurs, toutes aides-soignantes, me poussent à travailler à l'hôpital. Un de leur collègue syndiqué me propose un jour d'aller me présenter à l'unité de gestion de l'hôpital. Il sait qu'une place s'est libérée en cuisine et m'annonce qu'il a fait préparer un dossier à mon nom. Je n'ai plus qu'à signer ! Je le remercie vivement. C'est super sympa.

Je me présente au bureau du personnel de l'hôpital en disant que je viens de sa part.

– Ah oui, Pierrot a tout préparé. Il n'y a plus qu'à le signer et mettre votre date de naissance.

Ça, je sais faire.

La secrétaire m'annonce que je commence le lundi suivant dans le service restauration et me demande de passer voir le chef du service pour mon planning. Elle me précise que « bien entendu » je devrais travailler un week-end sur deux et les jours fériés car l'hôpital ne s'arrête jamais, contrairement à l'usine.

En partant, je me demande comment annoncer mon départ de l'usine.

Le lendemain à la pause, direction le bureau de Noëlle, la secrétaire.

Je lui annonce que j'ai trouvé du travail près de chez moi. Comment faire pour démissionner au plus vite ? Elle me tend un papier et un stylo, et me dit d'écrire ma lettre de démission sur place.

Ça, je ne sais pas faire.

– Tu peux peut-être m'aider un petit peu ?

– Ah non, je n'ai pas le temps, tu es adulte, débrouille-toi.

Mince alors. Je repars complètement dépitée. Comment je peux faire ? Je n'ai pas vu le problème arriver. Je pensais juste dire : « Je m'en vais, au revoir et merci. »

À la pause déjeuner, je tâte le terrain auprès d'une petite collègue comptable pour voir si elle peut m'aider. Le repas est presque fini… Je me tortille la tête pour me lancer, je suis angoissée et j'ai honte de ne pas savoir.

– Lisa, s'il te plaît, est-ce que tu peux m'aider à écrire ma lettre de démission ?

– Aline, ne t'inquiète pas, ce sont que quelques mots.

– Si tu me fais un modèle, je pourrai le recopier et je te promets que ça m'aiderait bien.

– Je vais faire mieux que ça, je vais te la faire, tu n'auras plus qu'à la signer. Et ça ne regarde personne.

J'ai envie de l'embrasser, tellement elle me soulage ! C'est ce que je fais.

Le soir même, je remets ma lettre de démission à la direction.

Premier jour à la cuisine de l'hôpital.

Une femme blonde me présente aux autres collègues et m'emmène à mon poste : devant un immense lave-vaisselle. Mais avant de le remplir, je dois décrasser toutes les assiettes dans un grand bac à plonge où flottent une pellicule de gras et des petits morceaux non identifiés.

Un vrai bouillon de culture, j'ai envie de vomir.

– Excusez-moi, madame, est-ce que vous avez des gants ?

– Tu ne serais pas un peu chochotte, me répond-elle en rigolant.

– Non, je ne suis pas chochotte, mais je n'ai pas envie de mettre mes mains là-dedans.

Elle continue à se moquer de moi pendant que je me dis que je préfère écurer les vaches que de plonger mes mains là-dedans. Elle va quand même chercher des gants. Le travail peut commencer.

Au bout de quelques mois, le chef m'appelle. Je change de poste et vais à la fabrication des entrées. Super ! Ça va changer un peu. Je m'adapterai ainsi à différents postes dans ce service restauration.

Le premier jour à la fabrication des entrées, la dame blonde pose sur une table la liste des entrées et des desserts à préparer. Je ne touche pas à cette feuille, parce que cela voudrait dire que je me l'approprie et qu'il faudra lire ce qu'elle contient. Je reste à distance, je vois bien l'écriture avec des boucles enchevêtrées, encore plus difficiles à déchiffrer pour moi. Je dois trouver une solution en attendant ma collègue.

Je prétexte d'aller aux toilettes. Je prends vraiment mon temps…

À mon retour, une femme avec un joli accent polonais a pris les devants.

Ouf, très bien ! Josépha m'annonce l'entrée du jour : carottes râpées.

Elle m'explique comment fonctionne la feuille de fabrication avec toutes les variantes selon les différents régimes.

– Alors, regarde bien, la première ligne, c'est le menu du jour. Aujourd'hui la quantité de carottes râpées. En dessous, les quantités moulinées, ensuite, les carottes mixées. Ensuite, les assaisonnements, sans sel, sans alcool, sans graisse…

Je photographie un maximum avec mes yeux et ma tête.

Mais problème : elle m'annonce que je dois aussi écrire sur les barquettes si elles sont sans sel ou pas, ou sans graisse, etc. Elle me dit d'aller chercher des feutres.

Je ne vais jamais m'en sortir.

De retour avec mes feutres, elle m'annonce que je dois mettre un trait rouge sur les « sans sel », un bleu pour les « sans graisse »...

Bien sûr, il faut que me trompe... J'écris « sen sel ».

Un responsable passe.

– Qui a écrit « sans sel » comme ça ?

– Oh, excusez-moi, je me suis trompée !

Il prend mon feutre et corrige. Depuis j'ai retenu la leçon.

À chaque régime, un trait de couleur différent. Ouf, pas besoin d'écrire !

Lorsque j'ai fini, elle m'annonce qu'on doit ajouter un petit papier par lot de barquettes avec l'indication du régime.

– Oh non, je le ferai tout à l'heure, là j'ai les mains sales.

– Ne bouge pas, je vais te le faire, me dit-elle.

J'observe comment elle fait. Tout simplement un N pour normal et le nombre de barquettes. S\S pour les sans sel… Je trouve ça très bien. Il faut juste que je me souvienne de ces abréviations.

Je respire, ça me soulage, finalement, il faut juste que j'apprenne à lire le nom des entrées. Je vais y arriver en travaillant à la maison. Je récupère les feuilles pour apprendre à lire cette écriture bouclée par cœur.

Je profite des jours où les enfants sont à l'école et que je suis seule à la maison pour m'entraîner à lire et écrire tous les mots que je rencontre sur les feuilles de fabrication : tomate, betterave, yaourt, sucré, sans sucre, salade de fruits, fromage blanc… une vraie liste de courses.

Je dois m'approprier tous ces mots pour que personne ne s'aperçoive de mes lacunes.

Sinon, je risque d'être renvoyée.

J'évite les problèmes, et surtout j'essaie de ne pas me laisser envahir par les craintes et le doute. Je n'arrive jamais à être sûre de ce que j'écris car je doute de ma mémoire que j'utilise comme un appareil photo parce que je connais mes limites. Et si quelqu'un à côté de moi me demande ce qui est écrit, rien ne sort de ma bouche. Mes jambes tremblent et mon visage rougit.

Alors je reste dans ma zone de sécurité : j'apprends ces mots par cœur, le mieux possible.

Au bout d'un an, le chef m'annonce qu'il est temps pour moi de passer à une vitesse supérieure et de prendre part à la préparation des plateaux-repas pour les patients.

Je n'en dors pas la nuit, je me fais des nœuds dans la tête.

Ce poste est compliqué pour moi, car il faut lire les cartes des patients, fiches rectangles écrites à la main avec le nom du patient et son régime particulier. Selon le poste du jour, je dois servir le plat principal ou les entrées ou les desserts. Et le tout, selon le régime du patient.

Cela me stresse. Mon angoisse est démesurée. De plus, une diététicienne vérifie les plateaux. Mais il faut que j'y arrive sinon, c'est la porte.

Une fois à ce poste, je dis aux collègues que je ne me sens pas capable d'assurer ce travail et que cela me fait peur. Il faut aller vite et j'en suis incapable. Elles me disent de ne pas m'inquiéter et proposent de m'aider.

– Nous avons toutes commencé un jour, me rassurent-elles.

Dans un premier temps, je vais juste poser les plateaux et la fiche des patients sur la chaîne de distribution. J'aperçois une collègue dans un coin en train de lire les menus. Je lui demande ce qu'elle fait.

– J'apprends les menus du jour par cœur, avec les variantes selon les régimes.

– Je peux apprendre avec toi, ça va m'aider.

– Oui, bien sûr, on peut le faire tous les jours avant de commencer la chaîne.

C'est ainsi que nous mettons notre petit rituel en place sans que j'aie à lui avouer que je n'arrive pas bien à déchiffrer.

Sauvée.

Lorsqu'elle me récite le menu, cela me fait penser à mes enfants. Je me dis qu'il n'y a plus qu'à taper dans les mains ! Ainsi je progresse un peu. Je ne suis pas la plus rapide de la chaîne et j'entends souvent des réflexions.

Les fiches écrites par la diététicienne me sont impossibles à déchiffrer. Elle écrit aussi mal qu'un médecin.

Un jour, je sers du poulet à la place du poisson qu'elle a prescrit à son patient. Lorsqu'elle s'en aperçoit, elle se fâche très fort. J'ai beau m'excuser de mon erreur, elle ne veut rien entendre et n'hésite pas à me dire que je suis trop bête, que je ne sais pas lire, que je suis nulle.

Je me replie sur moi-même, j'ai trop honte.

Pourquoi est-elle aussi désagréable ? Il suffisait de me dire que je me suis trompée. Mais non. Rabaisser les gens, c'est beaucoup plus facile. Je baisse la tête et je me tais. Je ne compte pas combien de fois pendant ces quatorze ans de travail, elle m'humilie et devant les autres collègues bien sûr.

Cette semaine, je suis à la plonge. Pierrot, qui s'occupe des grosses gamelles, n'est pas là. On me dit qu'il est parti à l'école. À mon étonnement, une collègue me dit qu'il ne sait pas lire et que le chef l'a envoyé prendre des cours d'alphabétisation.

– D'accord. On a le droit de prendre des cours pour ça ?

– Ça dépend, il faut faire la demande au chef.

Cette conversation me trotte dans la tête pendant plusieurs jours. Ça m'intéresse drôlement. *Courage.*

Le lendemain, dans son bureau.

– Bonjour, je voudrais prendre des cours comme Pierrot.

– Pour quoi faire ? Tu n'en as pas besoin.

– J'aimerais bien passer mon CAP de pâtisserie.

– Ah non. Pas de femme en pâtisserie.

– J'ai fait quatorze ans en usine de pâtisserie…

– Tu n'avais qu'à y rester, si ça te plaît autant.

Le beau sourire que j'affichais en rentrant dans son bureau se transforme en une mine déçue. Je n'ose pas lui révéler que j'ai de grosses lacunes en lecture et en écriture car j'ai peur d'être renvoyée.

J'ai envie de pleurer, mais je reste fière et je retourne à la plonge.

À partir de ce moment-là, cette idée de retourner à l'école ne me quittera plus.

En cuisine, il faut aussi assurer le restaurant du personnel qui est en self-service. Là, je fabrique les entrées, je les mets en vitrines ainsi que les desserts. Sur le tableau, le cuisinier doit écrire le menu du jour, mais il lui faut toujours une femme pour le faire sous prétexte que les femmes ont une bien plus belle écriture. Forcément il me demande. Je m'y oppose en lui disant que c'est à lui de l'écrire. Très vite nous nous fâchons. Résultat : il se débrouillera toujours pour que je ne travaille plus avec lui. Avec le recul, je me dis qu'il avait peut-être les mêmes difficultés que moi, tout en ayant un CAP de cuisine. Je ne me souviens pas l'avoir vu écrire quoi que ce soit.

Au collège, mes enfants sont de bons élèves, mais ont quand même besoin d'aide pour leurs devoirs. Fabrice en français et Céline en maths. Je leur dis que le niveau est trop élevé pour moi et que je ne peux pas les aider comme en primaire. Il me suffisait alors, lors de l'apprentissage des récitations par exemple, de leur montrer le cahier quand leur mémoire venait à flancher.

Quant à Marcel, bien qu'il ait les capacités, il ne s'implique jamais dans la scolarité des enfants.

À partir de la sixième, je prends un étudiant en maths pour Céline et une étudiante en lettres pour Fabrice. Pendant toute la durée du collège, je fais appel à des étudiants quand je sens que cela est nécessaire pour qu'ils restent à niveau, et surtout, pour ne pas qu'ils se découragent.

Chapitre 8
Famille décomposée

Dans la famille, tout n'est pas au beau fixe. Ma sœur Catherine est hospitalisée à Paris pour une leucémie. Je veux aller la voir, Marcel ne veut pas m'accompagner. Comme il connaît bien Paris, je lui demande comment faire pour rejoindre l'hôpital. À contrecœur, il trace un itinéraire avec les numéros de sortie du périphérique et, en rouge, la sortie que je dois prendre. Chantal fait souvent la route avec moi et me lit l'itinéraire.

Un jour où j'y vais seule, je rate la bonne sortie. Me voilà obligée de faire le tour complet du périphérique pour rejoindre la bonne sortie. Cette mésaventure se répète souvent. J'en pleure souvent de rage, mais je ne cède jamais, le jeudi après-midi, c'est pour Catherine. Ses souffrances m'arrachent le cœur… Heureusement, j'ai mes enfants avec leur joie innocente et leurs rires. Ce sont mes rayons de soleil.

Suite au décès de Catherine, mon frère Nicolas fait une grosse dépression. Sa vie de couple bat de l'aile. Je vois bien qu'il ne veut plus se battre pour vivre. Je m'inquiète et ce n'est pas auprès de Marcel que je trouve du réconfort.

Pour remonter le moral de mes frères et sœurs, j'organise un week-end festif à la maison. Entre frères, sœurs, neveux et nièces, nous sommes une trentaine. À la fin du repas, je descends à la cave chercher des bouteilles d'eau.

Marcel me suit et me fait des propositions que je refuse. Je n'ai vraiment pas la tête à ça. Il commence à menacer de faire un scandale, de mettre toute ma famille dehors. Je le mets au défi et remonte continuer la fête.

Je sais très bien qu'il ne bougera pas, il y a trop de témoins.

Mais je sais aussi que les représailles vont durer plusieurs jours sous forme d'insultes.

Cette année, nous décidons de partir en vacances avec nos amis Marie et Patrice. Une semaine avant le départ, Nicolas disparaît. Les recherches par la gendarmerie ne sont pas finies et Marcel m'impose de partir quand même. Je suis très inquiète et j'ai le cœur serré. Cela fait six mois que Catherine est partie. Sur le périphérique, je pense à elle et à mon frère disparu.

Arrivés dans les Vosges, nous convenons avec ma sœur Chantal de nous appeler tous les jours à dix-huit heures. Toujours pas de nouvelles de Nicolas. Un matin, alors que je prépare un pique-nique, les propriétaires, qui ont le téléphone, appellent Marcel. Ses parents le demandent au téléphone. Après qu'il a parlé avec eux, je lui demande s'il a des nouvelles de Nicolas. Il me répond que non, toujours rien. Nous visitons la région pendant que mes pensées m'absorbent à propos de Nicolas.

Le soir, Chantal m'annonce au téléphone la triste nouvelle : le corps de mon frère a été retrouvé sans vie, la veille.

Il a mis fin à ses jours.

Je comprends que Marcel était au courant depuis le matin, lorsque ses parents l'ont appelé. Je lui demande des explications.

– Je ne te l'ai pas dit pour ne pas gâcher la journée.

Je suis outrée. Et là, c'est moi qui lui hurle dessus !

Je veux rentrer à la maison. Il refuse. En rage, je cours dans les bois rassembler mes idées. Pour l'instant, je ne vois aucune solution.

À mon retour, mon amie Marie me parle des assurances de rapatriement en cas de force majeure et d'un numéro vert. Je ne veux pas réveiller les propriétaires à cette heure tardive de la soirée pour utiliser leur téléphone. Nous appelons le lendemain. L'assurance organise le rapatriement et Marcel m'accompagne quand même. Lors de la cérémonie, il affiche un air compatissant. Je suis au plus mal. Pourquoi Nicolas a-t-il baissé les bras de la sorte ? Il y a tant de solutions.

Les années passent, les disputes dans notre couple s'enchaînent. Je pense que quitter la région nous aiderait à consolider notre couple. Trop de souvenirs malheureux règnent dans cette maison familiale où je suis née. Mais Marcel s'y oppose.

– Si tu n'es pas contente, tu peux t'en aller toute seule. Mais tu en es incapable. Comment vas-tu te débrouiller ?

Je ne supporte plus son comportement dominateur, son manque de respect envers ma famille et moi. De plus, il est devenu paranoïaque et me surveille.

Je ne peux plus et ne veux plus continuer ainsi. Il me dit que je suis incapable de divorcer.

C'est ce que nous allons voir. Nous allons quand même divorcer !

Je me renseigne au travail pour trouver un avocat. Ma collègue me tend l'annuaire. Je lui demande de chercher pour moi et de prendre le premier de la liste. J'appelle le lendemain et le soir même, pendant que les enfants sont dans la cour, j'annonce à Marcel que j'ai contacté un avocat et que nous pouvons prendre le même et divorcer intelligemment.

Il part dans une rage terrible et du haut de ses cent kilos menace de me frapper. Je lui rappelle que je ne suis pas comme ma mère, qu'il ne me fait pas peur. Il me menace aussi de faire en sorte que mes sœurs ne veuillent plus me voir, ni ne veuillent plus de moi. Cela est impossible, j'en suis sûre. Nous sommes liées depuis l'enfance.

Je ne lâche rien.

Attirés par les cris, les enfants s'interposent entre nous.

L'histoire se répète dans la même maison.

Marcel part en hurlant :

– Je vais revenir pour vous tuer tous !

Les enfants repartent dehors parler entre eux. Je monte dans ma chambre pour essayer de me calmer. Je vois la boîte de somnifères qui me tend les bras dans le tiroir de mon chevet.

Il vaudrait mieux que je prenne directement toute la boîte comme l'a fait Nicolas.

Une petite voix me dit de ne pas baisser les bras, de me battre. Pendant que je reste sur mon lit, complètement nouée, j'entends de nouveaux hurlements dans la cour. Mes enfants font barrage à Marcel.

Il est revenu, armé de son fusil de chasse.

Il hurle qu'il a mis cinq balles pour nous exterminer, en commençant par moi. Dans tous mes états, je saute par la fenêtre de la chambre arrière et cours vers la forêt en haut de la colline. Mon cœur bat très fort. J'ai très peur pour mes enfants. Arrivée dans la forêt, parmi les arbres, je tends l'oreille au cas où, au loin, des coups de fusil retentissent ou si la sirène des pompiers se déclenche.

Rien.

Au bout d'une heure, je suppose que sa famille l'a raisonné et calmé.

Plusieurs heures plus tard, je redescends de la colline et rentre chez moi où je trouve mes enfants et la sœur de Marcel, très énervée par ce qui vient de se passer. Elle a dû l'emmener à l'hôpital où il a continué à menacer quiconque s'approchait de lui avant qu'on ne lui donne un sédatif et qu'on ne l'hospitalise. Si j'étais restée pour l'affronter, cela aurait fini à la rubrique « faits divers » des journaux avec pour titre à la une : « Un homme armé d'un fusil tue toute sa famille ».

Mon beau-frère me demande comment je vais. Il est bien le seul à se soucier de moi.

– Ne t'inquiète pas, me dit-il, il est hospitalisé et sous tranquillisant. Pour l'instant il ne risque pas de bouger.

Le lendemain, ma famille décide d'aller le voir pour lui remonter le moral et me demande de venir avec eux. Je n'en ai pas envie. Ils insistent. Je me sens obligée d'y aller. Ils montent le chercher dans sa chambre pendant que j'attends sur un banc du parc de l'hôpital.

Je reste à distance et j'observe. Ils essaient de nouveau de lui remonter le moral.

– Ça va s'arranger, ne t'inquiète pas…, me disent-ils quand ils me rejoignent.

Ils en viennent même à rigoler.

Ils ont juste oublié que la veille, il a voulu nous tuer, qu'il était complètement fou et que cela va empirer de jour en jour. Je l'ai déjà vécu avec mon père. Divorcer et le quitter reste la seule solution.

Je suis à peine rentrée que le téléphone sonne. Marcel. Il veut savoir ce que je fais, ce que nous allons manger, où sont les enfants… Je fais tout pour ne pas le contrarier.

Il me rappelle ainsi plusieurs fois par jour et j'essaie à chaque fois de rester calme. Je veux une séparation, mais dans de bonnes conditions, sans drame, sans catastrophe.

Le lendemain, au travail, je sors fumer une cigarette à l'heure de ma pause. Soudain, j'entends mon prénom, suivi d'insultes, je lève la tête. C'est Marcel.

Je ne réagis pas. Il y a des collègues avec moi. Je fais comme si je ne le connaissais pas.

Il me fait honte.

Le soir, lorsque le téléphone sonne, je ne peux pas répondre. Je sais que c'est lui. Il rappelle cinq minutes plus tard. Sa parano a repris le dessus. Après de multiples insultes et menaces, il me promet de quitter l'hôpital sur-le-champ pour en finir avec nous.

Il en est capable.

La peur m'envahit de nouveau.

– Les enfants ! votre père vient de quitter l'hôpital, il veut revenir à la maison pour nous tuer !

Nous prenons quelques vêtements, les affaires scolaires, les papiers. Nous montons dans la voiture. Pour aller où ? Je ne sais pas. Je sais que je dois aller loin et surtout ne pas le croiser. Après avoir roulé une heure dans la campagne, je me gare devant le commissariat, le seul endroit où nous pouvons être en sécurité.

Ce n'est pas un acte facile d'entrer dans un commissariat pour porter plainte contre son mari et en plus accompagnée de ses enfants, même s'ils ont déjà dix-sept et dix-huit ans.

Mes jambes flageolent, j'ai du mal à mettre un pied devant l'autre. Heureusement que mes enfants m'épaulent, ils sont auprès de moi comme ils l'ont toujours été.

Nous sommes amenés au bureau du commissaire qui tape à la machine ce que je lui raconte.

– Je suis là pour protéger ma famille de mon mari qui a braqué son fusil contre nous, et il compte bien recommencer. Sa violence n'est plus possible, je veux le quitter.

Ma plainte déposée, le commissaire me demande de la relire.

Comme à mon habitude, je fais semblant, et je signe.

Puis, il me prend rendez-vous pour aller voir l'assistante sociale dès le lendemain.

Mais où allons-nous dormir ? Le commissaire téléphone à plusieurs hôtels. Tous affichent complet. Céline part chez son copain et j'accompagne Fabrice chez un de ses amis. Quant à moi, je ne veux pas déranger qui que ce soit, il est tard.

Je passe la nuit dans la voiture.

Au petit matin, je suis la première dans les vestiaires de l'hôpital pour profiter d'une douche et enfiler la tenue de travail.

Personne ne peut penser que j'ai passé la nuit dans la voiture. Il ne me reste plus qu'à prendre un bon café pour avoir bonne mine.

L'après-midi, l'assistante sociale, déjà informée de mon problème par le commissaire, me propose une chambre pour deux personnes dans un hôtel destiné aux personnes sans domicile fixe. Céline pourra rester chez son copain, Fabrice viendra avec moi.

Elle m'explique les démarches à effectuer...

Mon corps est là, mais mon esprit n'écoute pas. Qu'est-ce que je fais subir à mes enfants ? Ils n'ont plus de repères. J'aurais dû partir quand ils étaient petits. Je suis dans une panique totale. Et pour couronner le tout, elle me glisse sous le nez un tas de papiers à remplir !

– Madame, je n'ai pas tout compris. Je ne comprends pas tous ces documents à remplir.

Elle me regarde. Et, avec un doux sourire, reprend les papiers et les remplit en me posant les questions demandées sur les formulaires.

– L'hôtel coûtera huit cents francs, me dit-elle en me précisant qu'en aucun cas, je ne dois payer plus.

Je m'y rends, avec l'angoisse de croiser Marcel ou que quelqu'un me reconnaisse et lui dise où je suis.

– Je vous ai gâtée, madame, me précise le patron de l'hôtel en ouvrant la porte de ma chambre.

Elle est bien sombre. Le papier peint doit dater de plus de trente ans, des cafards rampent dans la baignoire... Mais bon, tant pis, c'est mieux que de dormir dans la voiture.

– Si vous avez besoin d'un fer à repasser, rajoute le patron, c'est payant, ainsi que le micro-ondes dans la pièce commune.

Au fur et à mesure de la visite, je me dis que cet hôtel, c'est la cour des miracles !

Le lendemain, Fabrice part à l'école et moi au travail, tous deux le ventre vide.

Comment vais-je m'en sortir financièrement ?

Ma priorité est de trouver un logement et de nourrir mon fils.

Pour le logement, je me rends à l'office HLM dès que possible. La secrétaire me demande une adresse pour m'envoyer le dossier. Elle ne peut pas m'inscrire sans adresse. Et je n'en ai pas en ce moment.

Et pas question de donner l'adresse de l'hôtel, le propriétaire ne m'inspire aucune confiance.

Je repars.

J'en parle à ma collègue Martine qui me propose que je donne son adresse.

Je lui dis aussi que je n'ai pas le droit de cuisiner dans ma chambre d'hôtel. Elle me suggère de rapporter une barquette et du pain de la cuisine de l'hôpital pour notre repas du soir. J'accepte. Un repas froid, c'est mieux que rien.

Le week-end, pendant que je travaille, pas question que mon fils reste dans cet hôtel de fortune. Il retourne chez son copain. Et le soir, dans la chambre, je cale une chaise devant la porte pour me sentir en sécurité.

Au travail, personne ne se doute de ce que je vis. Bien sûr, je ne suis pas très bavarde.

Mais Marcel revient quelques jours plus tard et me fait appeler au self. Lorsque j'arrive, il me redemande de rentrer à la maison. Comme je refuse, il m'insulte et me menace. Les collègues me regardent avec pitié. Je n'aime pas ça. Je leur explique juste qu'il y a de l'eau dans le gaz, mais que cela n'est pas grave.

Dès que je sors du travail, je me sens épiée, surveillée. Je gare toujours ma voiture assez loin de l'hôtel de peur que Marcel ne repère où je suis. Je positionne le coffre le long d'un mur pour ne pas me faire voler des vêtements et mes papiers dont tous les documents nécessaires pour les démarches. Dans ce coffre, il y a toute notre vie. Je crains aussi de retrouver la voiture avec un pneu crevé.

Ma priorité est de trouver un toit pour mes enfants et moi, sinon, dans un mois, je suis à la rue. Marie, mon ancienne voisine et amie, réussit à me contacter en appelant à mon travail. Nous nous retrouvons dans une pizzeria. Je suis inquiète, je vois Marcel partout, c'est moi qui deviens parano ! À table, la serveuse nous dépose les menus. Je fais semblant de tout lire comme d'habitude et prends la pizza au saumon comme Marie. C'est bien la première fois que je mange une pizza au saumon.

Je décris à Marie l'état de la chambre à l'hôtel et l'état de mes finances. Je lui donne aussi des nouvelles des enfants et lui explique que le fiston veut partir une semaine avec son copain, mais que je ne peux même pas lui acheter des vêtements corrects pour ses vacances. Tout le long du repas, elle me dit d'arrêter de m'inquiéter et qu'elle va m'aider. À la fin du repas, elle me donne de l'argent pour acheter des vêtements à Fabrice et lui donner un peu d'argent de poche pour ses vacances.

Enfin, elle m'annonce qu'elle va me réserver une nuit dans un hôtel à trois étoiles avec une chambre douillette pour que je puisse me reposer, prendre un bon bain, me détendre et manger un repas chaud. Je la serre dans mes bras. Je ne sais pas comment la remercier de toute sa gentillesse. Heureusement que dans la vie, on rencontre des gens plus que formidables et d'une gentillesse inestimable.

Autre priorité : ouvrir un compte en banque pour y faire virer mon salaire. Nous parvenons à un arrangement avec la banquière que je connais depuis longtemps. Même sans adresse fixe pour l'instant, elle m'ouvre un compte.

Plus qu'une semaine avant de quitter la chambre d'hôtel minable. Où vais-je aller ? Comment faire avec mes enfants ? Mon amie Nathalie propose de m'héberger, mais j'ai trop peur que Marcel ne vienne lui empoisonner la vie comme il le fait à chaque fois qu'il cherche à me croiser, comme à la sortie de mon travail.

C'est à ce moment qu'un collègue me propose de reprendre l'appartement qu'il quitte à la fin du mois et qui appartient à ses parents. Il s'agit d'un petit studio dans un immeuble privé avec interphone et garage.

J'accepte immédiatement.

Le jour même, Martine me rapporte un courrier de l'OPHLM à mon attention. On me propose un F3 dans la cité. Nous en parlons avec les enfants le soir. Malgré le fait qu'ils pourraient avoir chacun leur chambre, ils préfèrent le petit studio dans l'immeuble privé. Nous optons pour la sécurité. Je remercie la dame de l'OPHLM et signe le bail du studio le lendemain, avec les parents de mon collègue.

Il me faut de l'argent pour la caution et le mois de loyer. La dame des ressources humaines de mon travail me remplit le dossier pour que je puisse avoir de l'argent pour ma caution. Mais même s'ils acceptent, l'argent ne sera pas débloqué suffisamment vite.

Ma fille me suggère d'appeler mon neveu Christophe avec qui nous sommes assez proches. Christophe est l'une des seules personnes de ma famille qui s'est toujours souciée de nous. Je pars lui rendre visite le week-end suivant pour arriver au déjeuner. Je connais bien la route, je l'ai faite à plusieurs reprises, mais j'ai tellement peur que Marcel ne me suive que je me perds. Je suis perdue. Je m'arrête à un rond-point et je sors pour pleurer sur le bord de la route. Heureusement que Céline m'a laissé son téléphone portable au cas où... Mon stress m'empêche de faire le numéro de mon neveu, je rassemble mes idées et finis par y arriver.

– Tu es à deux pas de chez nous, me répond sa femme, je viens te chercher.

Lorsqu'elle arrive, elle me prend dans ses bras pour me faire un gros câlin et tenter de me calmer. Je peux m'installer dans leur maison et enfin me détendre autour du bon repas qu'ils m'ont préparé. Cela me fait tellement de bien d'être avec eux. Et de rire un peu.

Avant de partir, mon neveu Christophe me tend un chèque. Je refuse dans un premier temps. Il insiste. J'accepte, à condition de le rembourser au plus vite. Je repars alors, un peu de souci en moins. Je vais pouvoir payer la caution et le mois de loyer. Lorsque je toucherai l'aide des ressources humaines, je m'empresserai de le rembourser.

Le lendemain, le propriétaire de l'hôtel toque à ma porte.

– Je voulais vous prévenir que vous n'avez plus que quelques jours pour quitter les lieux.

– Oui, je suis au courant et j'ai trouvé un appartement. Je passerai le dernier jour vous rendre les clés et vous payer.

Il m'impressionne. Il voit pourtant notre désarroi. Je ne me doute pas à ce moment que le jour du départ, il va me présenter une facture de quatre mille francs.

Ce jour-là, en voyant la note, je proteste fermement, lui dis que ce n'est pas la somme que m'a annoncée l'assistante sociale, mais huit cents francs.

Il insiste, me rappelle qu'il y avait une salle de bains et une télévision et qu'il a été gentil. Comme si cela était un exploit d'être gentil ! Je ne me laisse pas faire. Mon chèque est déjà prêt. Je le menace d'appeler l'assistante sociale.

– Madame, vous travaillez, vous avez même une voiture, vous êtes toujours habillée correctement, vous n'avez vraiment pas l'air de manquer de quoi que ce soit.

La colère me monte au nez. Encore un jugement de valeur ! Faut-il que je sorte avec les cheveux gras et des vêtements sales pour qu'on voie ma misère ? Ou est-ce que je dois rester digne quelles que soient les circonstances, comme ma mère me l'a toujours dit ?

Il finit par me demander de ne pas me fâcher, prend mon chèque en bougonnant et me laisse partir avec mon fils tranquillement.

– Au revoir monsieur et je ne vous remercie pas !

Cela fait un mois que je suis partie de la maison. Comme je n'ai pas cédé d'un pouce et que les gendarmes ont dû intervenir plusieurs fois pour lui demander de s'éloigner de moi, Marcel finit par se calmer. Je négocie avec lui, non sans mal, pour que l'on puisse venir chercher nos affaires. Ainsi les enfants peuvent récupérer le nécessaire pour l'école et leurs vêtements. Nous nous installons tranquillement dans le studio, un peu serrés, mais en sécurité.

Mais la trêve n'est que de courte durée. Quelques jours plus tard, il se met à hurler sous notre fenêtre. À la main, il tient la petite chienne de mon fils,

Dolly, et menace de la tuer sur-le-champ si on ne la récupère pas tout de suite. Dans ma tête, je le remercie du cadeau. Comment va-t-on faire dans l'appartement si petit ? Je prends ce petit berger des Pyrénées entre quatre yeux et lui explique que si elle aboie comme à son habitude, on sera obligés de l'amener à la SPA. On la bichonne, elle nous a trop manqué.

Eh bien, qu'on le croie ou non, pendant deux ans passés dans ce studio, elle n'a jamais aboyé, ni gêné un seul voisin. Au contraire, un vrai rayon de soleil.

À chaque fois que je sors la chienne le soir, je suis anxieuse. J'ai l'impression que Marcel n'est pas loin et m'observe. Je ne m'éloigne pas trop de la porte d'entrée de l'immeuble. Et au bout d'une semaine, le revoilà qui m'appelle à gorge déployée, sous notre fenêtre. Il me demande de le laisser entrer car il vient « pour faire la paix ». Je me méfie de lui, mais Fabrice est là. Je cède. Autant renouer les liens entre père et fils. Il ne va tout de même pas oser faire un scandale ici !

Je reste polie et lui propose un café. La discussion s'annonce bien. Il trouve que l'appartement est bien agencé. Puis, il demande à Fabrice si sa petite chienne n'aurait pas envie de sortir. Dans un premier temps, le fiston refuse de sortir la promener. Il ne veut pas quitter l'appartement et me laisser seule avec son père. Marcel insiste lourdement et Fabrice se sent obligé de la descendre. À peine est-il sorti que la conversation commence à se durcir.

– C'est bon, je sais que tu peux te débrouiller toute seule, que tu n'as pas besoin de moi pour t'en sortir. Mais maintenant il est temps que tu rentres à la maison. Tu n'as pas besoin de vivre dans trente mètres carrés.

– Non, c'est trop tard. Je ne t'aime plus. On n'a plus rien à faire ensemble. Tu es allé trop loin, beaucoup trop loin. Il faut que ça cesse et c'est le moment pour moi de changer de vie.

La colère lui monte à la tête. Il renverse la table, fait voler une chaise, m'attrape par le cou et me colle au mur, sa main droite sur ma gorge. Mes pieds ne touchent plus terre. Je crie très fort, pour que mon fils m'entende. Il me colle sa main gauche de maçon sur la bouche en me disant de la fermer et d'arrêter de crier.

Je me débats, le souffle commence à être court. Je réussis à lui mordre la main de toutes mes forces qui s'épuisent. C'est là que mon fils surgit dans la pièce.

Sous les cris de Fabrice qui lui demande de me lâcher, il s'enfuit dehors en me laissant tomber au sol. Depuis les escaliers, les insultes et les noms d'oiseaux pleuvent, agrémentés de rires.

Encore une fois, il faut appeler les gendarmes qui commencent à le connaître. J'apprendrai par mon frère Gérard, qui vient me voir pour la première fois, qu'il est allé directement se plaindre de ma morsure à la main ! Avant de repartir chez lui, Gérard s'assure que nous allons bien.

Pendant ce temps, la procédure de divorce suit son cours. Mon avocat me dit que malgré toutes les plaintes, des attestations sur l'honneur de la part d'amis et de la famille sont nécessaires pour témoigner du caractère explosif et de la vulgarité de Marcel. Je ne veux pas impliquer ma famille et mes amis dans cette affaire. J'ai peur que la violence de Marcel ne se retourne contre eux. Je ne vais pas faire d'attestation, les plaintes devraient suffire…

Je reçois un courrier adressé à Marcel et aux enfants. Pourquoi ce courrier me parvient-il ? Une erreur du facteur sans doute. Je l'ouvre et reconnais une attestation sur l'honneur. L'avocat m'avait montré un modèle. Je reconnais le nom de ma sœur ! Je demande à Céline et à Fabrice de me la lire. Au fur et à mesure de la lecture, je blanchis et pars en larmes : elle déclare sur l'honneur que Marcel est un homme exemplaire et un mari aimant. Elle a oublié qu'il était colérique et vulgaire.

Faire une attestation contre sa propre sœur, c'est grave ! Je suis choquée et terriblement en colère. Forcément, Marcel va tout gagner. Il ne faut pas sortir de Saint-Cyr pour bien comprendre ! Il m'avait prévenu que si je partais, il monterait toute ma famille contre moi. Si l'une de mes sœurs a fait une attestation, je suppose que les autres vont faire de même. Ce sera le cas.

Je demande aux enfants de leur écrire sous ma dictée qu'il vaudrait mieux que je sois morte au même titre que ceux de la famille qui le sont déjà. Nous sommes tous les trois en larmes.

Au moment de fermer les enveloppes, j'ai une petite pensée pour maman : « Tu n'oublies pas d'écrire l'adresse avant de coller le timbre ! »

Les jours passent…

Les mois passent…

Aucune nouvelle de mes sœurs, pas un mot.

Comme s'il ne s'était rien passé.

Avec mes enfants, nous nous sentons très seuls. Dans cette période noire, plus que tout, ce qui me blesse le plus, c'est de ne plus voir ma famille. Mes enfants souffrent aussi de ce qui nous arrive. Céline fait une dépression. Elle n'a que dix-neuf ans. Quant à Fabrice, il n'affiche pas une grande forme morale. Il est un peu perdu. De mon côté, pour nous en sortir, je travaille comme femme de ménage, en plus de mon travail à l'hôpital.

Quelque temps plus tard, j'apprends qu'un neveu se marie. Je ne suis pas invitée et de toute façon je ne peux pas y aller. Je n'ai pas assez d'argent pour payer l'essence et le péage. Mais j'aime bien ce neveu et voudrais lui faire un cadeau. En flânant en ville, j'aperçois un nouveau fleuriste et suggère à mon fils d'envoyer des fleurs pour le mariage.

Nous choisissons un assortiment et je demande au fleuriste si je peux lui dicter un mot à écrire sur la carte d'accompagnement. J'invoque l'oubli de mes lunettes pour me justifier.

Les jours passent, les semaines… Pas un petit mot, comme s'ils n'avaient rien reçu. Le fleuriste me confirme que les fleurs sont bien arrivées. Quand même, pour les enfants, ils auraient pu faire un effort !

Ce n'est pas grave, ils vont s'en remettre.

Un soir, je passe au supermarché pour acheter de quoi dîner.

Super ! Des croque-monsieur en promotion ! Avec une salade, ce sera parfait pour le soir. Nous passons à table et nous les entamons. À peine y avons-nous goûté que nous nous regardons. Ce n'est vraiment pas bon ! Fabrice va directement à la poubelle regarder l'emballage : les croque-monsieur sont à la chèvre et nous avons horreur de ça !

– Pourquoi tu as acheté du fromage de chèvre ? Tu sais qu'on n'aime pas ça !

– Je me suis encore trompée.

Comme d'habitude nous n'évoquons pas le vrai problème.

Chapitre 9

Les stratagèmes d'une illettrée

Heureusement, il y a le travail qui me fait un peu oublier mes tracas familiaux.

Le service restauration a évolué à grands pas. Des normes d'hygiène alimentaire ont été mises en place. Tout le personnel doit suivre trois formations de trois jours.

Comme je me suis beaucoup entraînée à recopier les mots nécessaires pour mon poste, ma lecture et mon écriture ont progressé, bien que j'écrive souvent les mots phonétiquement et que je ne sois pas sûre de moi.

Pendant la formation, je me mets au fond de la salle. Ainsi le formateur ne me remarque pas et ne me pose pas de questions. Nous avons à notre disposition des documents à lire et des stylos pour prendre des notes. J'écoute le formateur décrire les documents et j'utilise ma mémoire au lieu des stylos. Quant à prendre des notes, j'en suis bien incapable !

Suite aux formations, des documents de traçabilité sont mis en place au travail pour l'entretien de locaux, à savoir qui fait quoi et comment. Le chef organise une réunion pour nous expliquer comment les utiliser.

Je suis ravie, les fiches ne sont pas écrites à la main. Fini le stylo, l'informatique l'a remplacé. Je peux mieux déchiffrer, mais toujours à condition d'être seule devant ma fiche. Ainsi, pas de stress. Je peux ensuite les apprendre par cœur car le doute me taraude toujours.

En revanche, les fiches personnelles des patients, avec leur régime particulier ont aussi bien changé. Auparavant, je n'avais qu'à lire si le patient était, par exemple, diabétique ou pas. Comme j'avais appris par cœur le menu du diabétique, je savais quoi lui donner. Mais maintenant, avec le système informatique, le patient peut choisir entre cinq possibilités. Par exemple, cinq choix de viande :

jambon, ou poulet nature, ou poisson, ou poulet basquaise, ou steak.

Idem pour les légumes, les entrées et les desserts. Cela me fait beaucoup trop de choses à déchiffrer. Je dois lire le choix du patient, prendre la barquette choisie, passer au plateau suivant et recommencer.

Ça va trop vite. Mission impossible pour moi.

Pendant la distribution, je transpire, j'ai des palpitations, ma concentration est au maximum, le moindre bruit me perturbe…

La diététicienne rouspète toujours parce que je ne suis pas performante. Elle me perturbe encore plus. J'en ai des migraines. Même si j'ai dit que je ne veux pas faire cette chaîne, le chef m'y oblige une semaine sur deux. Je me répète sans cesse : *Courage, tu n'es pas plus bête que les autres, tu vas y arriver.*

Et quand même, à chaque fois, j'arrive à dépasser ma zone de sécurité.

Et j'en suis fière.

Au cours de ces deux années extrêmement noires, le travail m'a usé les épaules. Je subis une intervention à l'épaule gauche et quelques mois d'arrêt sont nécessaires. À mon retour, je ne peux pas continuer sur mon poste habituel : trop de pénibilité.

Le chef m'informe que la médecine du travail m'oblige à prendre un poste où je dois utiliser l'informatique. Ma collègue et amie Martine, qui travaille à ce poste, va me former. Le chef me rassure : elle va rester avec moi le temps qu'il me faudra. Pas de stress, tout ira bien.

En arrivant dans son bureau, je lui dis que ce n'est pas un poste pour moi, que je suis nulle et que je ne vais pas y arriver.

– C'est juste quelques clics sur l'ordinateur, me rassure-t-elle.

J'apprends donc à utiliser un logiciel avec lequel j'envoie les différents menus aux intendantes hôtelières, chargées, dans les étages, de faire choisir aux patients leur repas. Une fois que les patients ont fait leur choix, elles me renvoient les commandes directement dans mon ordinateur.

Martine me montre comment allumer et éteindre l'ordinateur. Comment me servir de la souris et de l'imprimante. Vient ensuite la marche à suivre pour enregistrer la réception de toutes les commandes des patients et les imprimer. Martine doit rester avec moi toute la semaine. Pour moi, c'est très dur. Je mets plusieurs mois à m'y habituer et à apprivoiser l'ordinateur. Comme je ne suis pas très rapide, certains collègues, agacés de trop attendre les fiches imprimées, se fâchent. Derrière mon dos, ils tapent du pied, ce qui me stresse encore plus et je perds mes moyens.

Les erreurs s'accumulent... Cercle vicieux.

Alors oui, bien sûr, il y a cet homme, Jean-Pierre, qui me tourne autour, plutôt pas mal, brun, les yeux d'un bleu étrange. Il fait partie des responsables du service restauration. Très gentil avec moi, il m'a déjà préparé mon café quand j'arrive. Plus le temps passe, plus il est à mes petits soins. Il me valorise tout le temps et me dit souvent que je suis une jolie femme, que je travaille bien, que je suis courageuse dans mon travail...

Toujours prêt à écrire à ma place comme s'il avait découvert mes lacunes. Comme avec l'étiqueteuse que j'utilise pour marquer le produit sur les barquettes. Je suis incapable de m'en servir car je dois choisir les lettres des mots à inscrire. Je prétexte de ne pas y voir clair qu'il est déjà à côté de moi pour bien programmer l'étiqueteuse.

Je ne sais pas du tout qu'il est en plein divorce et que les raisons en sont l'adultère, la violence conjugale et l'alcool. Moi je ne vois en lui que quelqu'un d'intelligent, de cultivé. Il lit énormément sur tous les sujets, en particulier l'histoire, la géographie, le sport… Cela me fascine et m'attire vers lui.

Nous sortons ensemble et en 2002, il me demande de vivre avec lui. Mes enfants sont d'accord. Fabrice, qui vit avec moi, doit retourner chez son père. Selon Jean-Pierre, sa maison n'est pas assez grande… Il a déjà trois enfants de quatorze à dix-huit ans. Céline vit déjà avec son amoureux. J'accepte de vivre avec lui en espérant qu'il vende sa maison pour en acheter une nouvelle ensemble et qu'il règle les problèmes avec son ex-femme.

La chienne Dolly viendra quand même avec moi.

Peu de temps après mon emménagement chez lui, Jean-Pierre, qui est mon supérieur au travail, me demande de quitter le service restauration pour aller dans les étages comme intendante hôtelière. Son prétexte : trop de personnes critiquent le fait que nous soyons en couple et que nous travaillions ensemble.

Changer de service me fait peur. Bien que je lui explique, dans un premier temps, que je suis bien habituée à mes fonctions, je finis par accepter. Il me fait un joli courrier pour prendre rendez-vous avec la direction et demander ce changement de service. Lors de ce rendez-vous, j'explique que j'ai fait le tour de la restauration et que je commence à m'ennuyer. Un poste d'intendante hôtelière vient justement de se libérer en gastrologie. J'accepte avec plaisir et me voilà repartie pour une nouvelle aventure.

Gisèle, qui doit me former, est une amie d'enfance. C'est sa maman qui m'a mise au monde ! Dès le début de la formation, je panique : elle me demande de prendre des notes.

Je ne dis rien. De toute façon, c'est impossible.

Plus elle m'explique, moins j'arrive à m'y retrouver et moins je comprends. Déjà, rien que les noms de patients me posent problème : OK pour lire *Marie Dupont*, mais impossible de déchiffrer un nom comme *Jacqueline Pankratoff*. Heureusement que les codes couleurs – rose pour les femmes, bleu pour les hommes – et les numéros de chambre m'aident. Et heureusement que je n'ai pas besoin d'écrire le nom des patients, des étiquettes sont mises à disposition. Plus la journée avance, plus les problèmes s'enchaînent. Dans le cahier de transmission, nous notons les informations nécessaires au service. Un cauchemar pour moi : je dois tout écrire. Pour les commandes de linge, des fiches informatiques sont déjà prêtes. Je n'ai plus qu'à cocher les cases et à signer.

Au bout de plusieurs jours avec Gisèle, je commence mon poste toute seule. Je n'ai pas dormi de la nuit. Mon inquiétude est au maximum. Je ne cesse de me répéter qu'il faut que je sois méthodique : mettre le planning à jour, ne pas se tromper avec le support informatique, sans oublier de cocher les cases pour la commande du linge, plus toutes les multiples tâches de la journée.

Le plus compliqué pour moi est la prise de commande des repas où je dois faire choisir à chaque patient le menu désiré. Dans la petite cuisine du service, je répète comme s'il s'agissait d'une pièce de théâtre :

– Bonjour monsieur – je décide de ne pas dire le nom, j'ai peur de mal le dire –, je suis l'intendante hôtelière et je viens pour vous faire choisir votre repas.

Et là, je dois lire à haute voix les cinq choix proposés pour les entrées, puis les plats de résistance, puis les desserts.

Les premiers temps, je ne peux regarder le patient en face. Je suis obligée de regarder par la fenêtre ou le mur pour faire comme si j'étais seule.

Je transpire, je bégaye.

Je me trompe souvent, mais ça, il n'y a que moi qui le sais.

Le principal est de ne pas se tromper de régimes, et ça, je connais par cœur puisque je les ai longtemps fabriqués lorsque je travaillais à la restauration.

Dans ce nouveau service, je ne me sens pas du tout à l'aise, et surtout pas à ma place. Les blouses blanches – infirmières, médecins – m'impressionnent. Je souffre tellement. Je suis mal dans ma peau, j'ai du mal à m'intégrer, je me mets en retrait dès que je le peux. Les autres doivent penser que je suis une sauvage, un ours.

Mais je sais que tant que je ne m'investis pas auprès des gens, ils ne peuvent pas connaître mon problème. Et je ne veux pas que cela se sache.

Au bout de quelques mois dans le service gastrologie, je décide de faire une demande de formation de remise à niveau. Je pourrais améliorer mon niveau de lecture et d'écriture.

Lorsque je demande à Jean-Pierre de m'aider à faire le courrier pour accéder à la formation, il me répond que ce n'est pas nécessaire.

Déçue, je n'insiste pas. Je demande à ma fille qui, elle, le rédige, comme elle le fait pour tous mes courriers. Je n'ai plus qu'à signer.

Réponse négative sans explication. Je continue à travailler avec, tous les jours, la boule au ventre.

Petit rayon de soleil quelques semaines plus tard : Céline m'annonce que je vais être mamie et qu'une fois le bébé arrivé, il faudra organiser le mariage ! Quel bonheur !

Entre Jean-Pierre et moi, une grosse dispute éclate un soir. Je me suis aperçue très vite qu'il aime ses verres de Ricard en fin de soirée et j'ai eu l'idée de dessiner un gros sens interdit bien rouge sur la bouteille pour qu'il voie que j'ai compris. Suite à cette dispute, il fait un effort pendant quelques jours, mais reprend ses habitudes.

Je fais comme si je ne voyais rien.

Je suis amoureuse.

D'autres problèmes s'installent entre nous. Il ne veut recevoir personne. Inviter mes amis devient de plus en plus compliqué. Je les vois de moins en moins bien qu'il les connaisse car je les lui ai présentés au début. Par la suite, il me demande d'aller les voir sans lui. Avec le recul, je comprends que me couper des autres lui permet d'avoir plus d'emprise sur moi.

Au début, avec Jean-Pierre, j'ai l'illusion qu'une nouvelle famille vient de renaître. Elle m'a tellement manqué lorsque je vivais seule avec les enfants. Après la vie de famille que j'ai vécue enfant et adolescente, cette solitude a été le plus difficile à vivre. Mes frères et sœurs m'ont tellement manqué. Je mets tout en œuvre pour que les enfants de Jean-Pierre et les miens s'entendent. Mais très vite, Jean-Pierre me fait comprendre qu'il veut bien voir les miens à condition que « ce ne soit pas trop souvent », c'est-à-dire environ une fois par mois.

Même la petite chienne Dolly n'est pas la bienvenue. Elle vit dehors. Quelle que soit la saison, elle n'a pas le droit de rentrer et dort au sous-sol. Un jour de septembre, alors que je suis encore au travail, Jean-Pierre m'appelle pour me dire que Dolly est allongée dans le jardin et qu'elle a du mal à respirer, que je dois rentrer pour l'emmener chez le vétérinaire. Je préviens ma cadre et file tout de suite voir ma petite chienne. Trop tard elle meurt sur la table du vétérinaire. Ne comprenant pas ce qui lui arrive, il fera faire une autopsie : elle a été empoisonnée. Jean-Pierre me dit que c'est sûrement un coup de la voisine... qui a déjà deux chiens...

Au travail, je continue à m'accrocher. Ma nouvelle cadre veut que les journées passent en service de douze heures sur des semaines de trente-cinq heures. Elle nous demande des idées pour organiser le planning. Je trouve tout de suite une solution pour la gestion du temps de travail et la lui montre. Après l'avoir regardée avec dédain, elle me dit qu'elle va réfléchir. Quelques jours plus tard, la direction valide notre planning. Je m'aperçois qu'il est identique à celui que j'ai proposé. Ma cadre ne me remercie même pas.

Je vois qu'elle a profité de moi. Je ne dis rien.

Les nouveaux horaires, sur une plus grande amplitude, me permettent de travailler quatre jours par semaine et de garder ma petite-fille Margot à la maison. Mais très vite, Jean-Pierre me demande d'aller la garder chez ma fille.

Son ex-femme vient régulièrement sous prétexte de parler avec lui de ses trois grands enfants qui vivent à la maison avec nous, ou de la somme d'argent qu'il lui doit, pour la part de la maison.

Un soir, il me dit que je dois m'investir plus dans la maison. Je pense au ménage, aux courses, à la tonte du jardin… pour lesquels je m'investis totalement.

– Non, me dit-il, il s'agit de demander un crédit pour racheter la part de la mère des enfants.

Je ne comprends pas. Nous avions dit qu'on achèterait une maison ensemble, après avoir revendu celle-ci et nous être mariés. Il arrive à me persuader, sans trop de difficulté, en m'expliquant qu'on la revendrait après des travaux, ce qui lui donnerait plus de valeur.

Pour la demande de crédit faite à nos deux noms, il me suggère de changer de banque pour être dans la même que la sienne.

Pourquoi ne lui ferais-je pas confiance ? On est amoureux, on a des projets, on s'entend bien...

Le banquier m'explique que le crédit est aux deux noms et que par conséquent, nous sommes tous les deux acquéreurs ET responsables en cas de problème.

Arrivés chez le notaire pour signer l'acte de propriété à notre nom, celui-ci m'annonce que ce n'est pas la peine que je signe.

– On verra ça plus tard, m'explique-t-il, puisque cet argent va servir à rembourser la part de l'ex-femme de Jean-Pierre.

Bien sûr, je n'ai lu aucun document. Jean-Pierre s'est bien gardé de me les lire, et moi, sous son emprise, je ne me serais pas permis de lui demander de le faire.

Bien que je ne comprenne pas pourquoi ce n'est pas la peine que je signe, je fais confiance puisque j'ai fait le chèque pour les frais de notaire... Je suis contente d'acquérir théoriquement vingt-cinq pour cent de la maison. Je me dis que je me sentirais plus chez moi et que je pourrais inviter mes enfants, ma famille et mes amis comme je le veux.

Nous avons un compte commun pour le remboursement du crédit sur lequel nous versons chacun une partie de notre salaire mensuel. Je ne m'occupe pas du tout des papiers. Tous les documents sont d'ailleurs consignés dans un placard fermé à clé sous prétexte que, selon Jean-Pierre, « n'importe qui pourrait fouiller ».

Les préparatifs du mariage de Céline débutent. Peu à peu, Jean-Pierre me fait comprendre qu'il ne va pas y assister : il ne se sent pas à sa place. À chaque fois qu'il s'agit des miens, c'est un problème.

Pas une seule fois il n'accepte de rencontrer mon frère Gérard. Cela me fait beaucoup de peine.

Je vois bien que je me renferme de plus en plus sur moi-même.

À l'hôpital, on me demande de changer de service. Me voilà en maternité. Finies les étiquettes où les noms sont déjà tapés, là je dois rédiger à la main le nom de famille de chaque patiente. Et il y en a environ vingt-cinq. Pour moi, c'est affreux.

Les soignants me donnent une feuille avec la liste des patientes. Je recopie cette liste sur la feuille de restauration. Je m'isole le plus possible pour le faire. À chaque fois que je change de service, je dois dépasser ma zone de confort ? C'est difficile. Du coup, je me lance pour redemander une formation. Céline me refait une lettre de demande. Réponse négative pour la deuxième fois et sans explication. Je ne sais pas du tout comment je vais m'en sortir, mais pour moi il n'est pas possible de rester dans ce service et d'écrire les noms de toutes les patientes.

Il faut que je change de service. Ce que je fais. Mais le même problème se présente. Là, je dois écrire à la main, en plus du nom des gens, la pathologie dont ils souffrent. Je ne comprends pas pourquoi ils n'utilisent pas d'étiquettes et je demande. Réponse :

– On a toujours fait comme ça par mesure d'économie.

– Je suis désolée, je veux utiliser les étiquettes, car j'ai une vilaine écriture. Je n'aurais plus qu'à écrire la date d'entrée du patient et le jour du bloc opératoire et le régime adapté.

Pendant que je suis dans ce nouveau service, je m'enferme dans la cuisine de mon service pour recopier les noms, les pathologies, etc. Et même si les pathologies sont en abréviation, il me faut beaucoup de concentration pour y arriver. On me dit régulièrement que je passe beaucoup de temps, seule, dans cette cuisine.

Désolée.

Il n'était pas rare que ma cadre me donne une jeune personne à former en tant qu'intendant hôtelier. Cette fois-ci, c'est un jeune homme d'une vingtaine d'années, David.

Je lui explique le fonctionnement du service, les obligations des intendants, les horaires à respecter pour les chariots de linge, des repas, les poubelles à évacuer. David est attentif. Il me paraît motivé. Nous préparons ensemble le service petit déjeuner.

Lorsque arrive l'heure où l'on reçoit du linge propre, je m'aperçois qu'il n'y a pas assez de draps pour faire la journée. Je lui demande alors de prendre dans le classeur une feuille de procédure d'urgence pour faire une commande de draps. Comme il ne la trouve pas, je la lui montre et lui demande d'écrire sur cette feuille ce qui nous manque : quarante draps et vingt taies d'oreillers. Je détecte tout de suite chez lui une grande panique. Alors naturellement, je lui dis que s'il a peur de se tromper, tout est écrit dans le local où le linge est rangé sur les étagères.

– Tu n'as qu'à recopier ce qui est inscrit, ainsi tu es sûr de ne pas faire d'erreurs.

Il me sourit.

Je comprends très vite qu'il a de grosses lacunes lui aussi, malgré son jeune âge, alors plutôt que de le dénoncer à la cadre je préfère me taire et lui donner plusieurs astuces que je pratique tout le temps.

– Sur le cahier de transmission, tu n'es pas obligé d'écrire le nom des gens, tu peux juste mettre l'étiquette du patient et, à côté, le numéro de la chambre. Pour le mot « chambre » tu peux juste mettre CH. Ainsi, c'est clair et tout le monde comprend. Pour les régimes, tu mets S/G pour « sans graisse » et D/B pour « diabétique ».

Je lui explique que quel que soit le nom du produit qu'il a besoin de commander, ce nom est écrit sur une étiquette à l'emplacement de celui-ci sur l'étagère.

– D'accord, tu perds un peu de temps, mais ce n'est pas grave. Tu recopies. Ça évite les réflexions désagréables et les erreurs.

Je rencontre souvent des jeunes que l'on a embauchés avec de grosses lacunes de calcul et d'orthographe, même des aides-soignantes obligées de demander aux autres d'écrire les formulaires de transmission.

En attendant, Jean-Pierre, qui lit beaucoup, m'annonce que la loi sur le divorce a changé : plus besoin d'attestation. Une demande de divorce suffit. Je peux donc engager une nouvelle procédure. Au bout d'un an, je suis enfin divorcée. Marcel est obligé de me donner la part de notre maison puisque nous l'avons achetée ensemble sous le régime de la communauté.

Je suis bien contente depuis le temps que je veux m'acheter un appartement dans le sud de la France pour que mes enfants et moi puissions y aller en vacances comme nous le souhaitons ! Et puis, un toit pour la retraite, c'est mon rêve.

J'ai à peine touché le chèque que Marcel me dissuade d'en faire une réalité, en argumentant comme il sait le faire : « c'est trop loin... », « je ne pourrais pas m'en occuper... », « je vais me faire avoir... », « il vaut mieux que je mette l'argent dans les travaux pour la maison que nous allons vendre comme promis... ».

Je comprends bien ses arguments : il vaut mieux améliorer la maison dans laquelle on vit pour la revendre à un prix plus élevé, puis en acheter une autre. Les travaux commencent par l'installation d'une pompe à chaleur pour se chauffer l'hiver et avoir la climatisation l'été. Fini de rentrer le bois de chauffage pour la cheminée l'hiver.

Quelque temps plus tard, Céline tombe enceinte de son deuxième enfant. C'est une fille. Là encore, Jean-Pierre refuse que je garde mes petits-enfants chez nous, pendant mes jours de repos. Je vais donc garder les enfants de Céline chez elle tous les mercredis. Du coup, je n'ai pas la disponibilité pour garder les enfants de Fabrice. J'en suis triste. Si je pouvais garder tous mes petits-enfants chez nous, je les verrais tous ensemble. Ce serait tellement plus simple. Une vraie vie de mamie pour moi et une vraie complicité entre cousins.

Pendant toutes ces années depuis la séparation avec Marcel, je ne vois plus mes sœurs. Un jour, en me rendant à l'agence pour l'assurance de la voiture, j'aperçois ma sœur Chantal.

Cela faisait bien huit ans que l'on ne s'était pas vues. On se tombe dans les bras, en larmes.

Elle m'a tellement manqué toutes ces années. Nous nous promettons de ne plus nous quitter. Elle m'invite à boire un café chez elle. Après la joie des retrouvailles vient la discussion.

– Pourquoi m'avez-vous laissée tomber ?

Je lui explique que je comprends bien que dans notre famille, cela ne se fait pas de divorcer, mais qu'ils savent tous que Marcel est un homme colérique, vulgaire et qu'il n'a pas eu beaucoup de considération et de respect pour sa femme. Ils l'ont d'ailleurs tous vu se mettre en colère et casser des choses pour rien.

Chantal s'excuse et m'explique qu'il les a harcelés, qu'il s'est tellement plaint, qu'il a menacé de se suicider, etc. Elle reconnaît qu'elle a fait l'attestation contre moi pour être tranquille.

Je comprends bien et lui pardonne sur-le-champ. Je m'excuse à mon tour de ma lettre très désagréable.

Je l'invite une semaine plus tard à venir passer l'après-midi chez moi. Cela ne réjouit pas Jean-Pierre qui l'ignore littéralement : « Bonjour madame », « Au revoir madame » sont les seuls mots qu'il lui adresse.

Je suis terriblement déçue. Le fils de Jean-Pierre, présent à ce moment-là, me dit :

– Ça fait drôle de te voir avec ta sœur. On n'a pas l'habitude, tu es toujours seule.

Le soir, alors qu'il a bu son Ricard, je fais remarquer à Jean-Pierre qu'il aurait pu faire des efforts avec ma sœur. Et nous voilà repartis dans une dispute. Ce soir encore, nous faisons chambre à part.

Il est hors de question que je dorme à côté de quelqu'un qui sent l'alcool.

Malgré la situation avec lui, j'ai toujours de l'espoir que cela s'arrange entre nous, qu'il arrête de boire, qu'il fasse des efforts dans mon sens.

Et puis, je suis toujours amoureuse de lui.

Et plus le temps passe, plus je m'attache à ses enfants et à ses petits-enfants qui viennent souvent à la maison et qui sont très gentils avec moi. Contrairement à mes enfants et à mes petits-enfants, ils viennent quand ils en ont envie, la porte est grande ouverte…

Chapitre 10

Une formation pour mieux lire et écrire… et diplôme à la clé

Au travail, cela devient de plus en plus compliqué pour moi. J'aimerais évoluer. Je décide à nouveau de tenter ma chance pour une formation. Pour la troisième fois, ma fille écrit la lettre de demande et je vais la déposer moi-même au bureau des ressources humaines. Lorsque j'arrive, sans rendez-vous, j'ai vraiment en tête de ne pas sortir de ce bureau tant qu'elle ne m'a pas entendue, et cette fois, je veux qu'elle comprenne que j'ai besoin d'aide parce que je ne peux ni lire ni écrire normalement.

Je me confie donc pour la première fois, en n'omettant pas mon problème de dyslexie. Ça ne peut plus durer, j'en peux plus d'être torturée de la sorte, j'ai bientôt cinquante ans, je suis au bout du rouleau, je sens bien que je ne maîtrise rien et que je marche à l'aveugle lorsqu'il s'agit de lire ou d'écrire. Entre les réflexions de mes collègues qui ne comprennent rien à mon écriture, les sous-entendus que ça ne sert à rien d'être une belle personne si on n'a rien dans la tête, je suis très fatiguée.

Pour le reste, je maîtrise complètement mon travail. Je forme même de jeunes recrues.

Dans un premier temps, la directrice des ressources humaines qui me reçoit paraît surprise que je vide mon sac ainsi. Elle me fait comprendre qu'elle sait très bien qu'à l'hôpital, pas mal de personnes ont des lacunes en lecture et en écriture. Puis, elle me propose de faire des recherches moi-même pour trouver une formation qui me convienne.

Je me rends alors au Greta (centre de formation) de Mantes-la-Jolie. Une personne très aimable me reçoit, me donne un rendez-vous pour des tests pour évaluer mon niveau afin de faire un devis.

De retour à l'hôpital, je donne ce devis et quelque temps plus tard, j'apprends qu'il n'est pas accepté par manque de financement. Mais la directrice des ressources humaines m'assure qu'elle se renseigne de son côté.

Je ne veux rien lâcher.

C'est tellement important pour moi d'être autonome, de pouvoir écrire une carte d'anniversaire à mes petits-enfants, de pouvoir leur lire une histoire plutôt que de leur raconter.

Il faut vraiment que j'arrive à faire une formation. Même si Jean-Pierre me dit que cela ne sert à rien, qu'à cinquante ans, ce n'est plus la peine et qu'il est là pour gérer mes affaires.

Dans ma tête, je commence à me dire : *Seulement les affaires qui l'intéressent : SES affaires !*

Quelque temps plus tard mon téléphone sonne. La directrice des ressources humaines de l'hôpital me demande de passer dès le lendemain dans son bureau. À l'heure exacte, je toque à sa porte. J'ai hâte de savoir et trépigne d'impatience. Elle m'accueille avec un large sourire pour m'annoncer la bonne nouvelle. Un nouveau centre de formation pour adultes vient de s'ouvrir : « Les compétences clés ». Seul problème : il est à Paris. Je n'ai jamais pris le métro toute seule. Je ne sais pas comment je vais faire, mais je sais une chose : je vais y arriver.

Elle m'informe que j'aurai un premier rendez-vous pour évaluer mes connaissances et que je vais recevoir un courrier. Aux petits soins avec moi, elle me précise que je la contacte si j'ai besoin de quoi que ce soit.

Ce souci qu'elle a de moi me touche vraiment. J'en suis émue.

Je vais faire une formation ! Je suis si heureuse !

J'ai envie de sauter en l'air, de le dire à tout le monde, de le crier sur les toits !

À peine sortie du bureau, j'appelle mes enfants pour leur annoncer la bonne nouvelle.

Arrivée à la maison, je raconte tout cela à Jean-Pierre qui ne m'encourage pas. Au contraire, il me redit que cela ne sert à rien.

Et là, je m'en fiche un peu de ce qu'il pense.

Je n'en suis pas moins découragée.

De leur côté, ma sœur Chantal et mes amies Nathalie et Marie ne cessent de m'encourager. Elles sont fières de moi.

Comme Jean-Pierre connaît bien Paris, je lui demande de m'expliquer comment me rendre au rendez-vous pour la formation car je dois d'abord prendre le train puis le métro.

Il me dit que je n'ai qu'à regarder le plan. Pour lui, ce n'est pas difficile de s'y retrouver et il pourrait au moins regarder les horaires des trains. J'insiste tellement qu'il finit par m'expliquer comment décrypter le plan du métro de Paris.

Pour mon premier entretien, je décide d'y aller en voiture. Avec le GPS, je suis sûre d'y arriver à condition de bien recopier l'adresse.

Je trouve difficilement une place pour me garer, mais je suis tout de même à l'heure.

J'ai essayé de lire un peu avant le rendez-vous. Pour réviser les verbes de différents groupes, Jean-Pierre me dit de m'entraîner avec le *Bescherelle* et le dictionnaire, mais avec ma dyslexie, j'en suis incapable. Je ne l'ai pas attendu pour essayer ces livres. Mes enfants m'en ont expliqué le fonctionnement, mais, toute seule, cela m'est impossible.

En fait, j'ai peur d'être trop bête pour être acceptée.

Mon niveau est si faible.

Quand j'arrive à l'école de formation, je suis en panique totale, avec cette honte qui me paralyse. La jeune femme qui m'accueille me rassure tout de suite par sa voix douce.

Elle m'explique qu'elle est là pour évaluer mon niveau tout simplement. Que ce n'est pas un exercice pour être la première de la classe. C'est juste pour m'orienter vers le groupe qui me correspond. Ce sont des cours pour adultes. Rien à voir avec l'enseignement courant. Elle ajoute qu'il n'y a aucun jugement, bien au contraire, son équipe et elle sont là pour aider les gens.

J'ai beaucoup de mal à parler, à m'ouvrir à elle. Après le test, elle me dit qu'il s'est très bien passé et que de toute façon, je suis prise pour la formation, donc pas la peine de continuer à avoir peur.

Si j'ai manqué d'assurance en entrant dans ce bureau, j'en ressors ravie.

Enfin, je vais pouvoir retourner à l'école. Je n'en crois pas mes oreilles.

Quelques mois plus tard, un courrier m'annonce que je commence la formation au mois de novembre 2013. Trois heures, tous les vendredis matin pendant six mois.

Pendant les mois de cette formation, il me faut une tutrice. Pour moi, il s'agit de ma cadre du moment au service hôtelier de l'hôpital. Tous les mois, nous nous rencontrerons pour valider mes cours et le suivi de mon travail.

Je suis à la fois trop contente et très angoissée. Pour me rendre à la formation, je devrai prendre le train et le métro sans me tromper de ligne. Je tanne Jean-Pierre à nouveau pour qu'il m'explique comment me rendre à cette formation qui a lieu dans le 14e. Je risque bien de me retrouver à l'opposé ou peut-être pire. Mais bon, de toute façon j'ai une langue, je vais demander si je me perds.

Le jour J, mon sac en bandoulière, mon cahier et mes stylos, les tickets de train et de métro en poche, je pars une heure à l'avance pour être sûre d'être à l'heure.

En cette matinée ensoleillée de novembre, je me sens telle une adolescente qui part pour une nouvelle aventure.

Je prends le bus jusqu'à la gare, où je dois déchiffrer les panneaux lumineux qui affichent la destination avec le quai correspondant et les heures de départ.

Pour moi, c'est Saint-Lazare. Un mot pas facile à lire ! Je crois comprendre, mais pour être sûre, je demande à une dame qui me dit que c'est le direct. Super. Je suis rassurée.

Arrivée à Saint-Lazare, je n'en reviens pas de cette cohue. Ils courent tous dans le même sens. Je suis le mouvement, premier, puis deuxième escalator. Quelle ligne faut-il que je prenne, je ne m'en souviens plus. Je regarde mon petit papier. La 13 !

Le métro démarre.

Je regarde mon itinéraire sur mon plan. Ah ! je l'ai pris dans le mauvais sens.

Je demande à une dame à côté de moi comment faire. Elle me dit de sortir à la prochaine station et de prendre le quai opposé. Me voilà ressortie sur le quai pour aller prendre celui d'en face. Je transpire. Je demande à nouveau pour être sûre. Bien sûr que j'ai peur, mais je suis partie une heure à l'avance sur l'horaire nécessaire, alors du coup, j'arrive à l'heure à l'école de formation.

À mon arrivée, je suis très étonnée : nous sommes une douzaine. Je pensais voir des gens de mon âge ou de plus de quarante ans. Je n'aurais jamais pu imaginer que des jeunes d'environ une vingtaine d'années soient en situation d'illettrisme à notre époque ! Mais en même temps, il y en a beaucoup à mon travail, je ne devrais pas être étonnée !

Au fur et à mesure, je comprends, ils savent se servir de leur téléphone, se repérer dans les bus et les métros, mais ne savent pas écrire une phrase sans faire de fautes ou ont des difficultés avec la lecture et le calcul.

Des mômes de vingt ans !

Eux aussi, ils ont honte, la même honte que moi !

Leur capuche enfoncée sur la tête, ils regardent sans cesse leurs baskets. Et ils ne parlent pas. À tout âge, ce sujet est tabou.

Le premier jour de la formation, la directrice nous attend. Elle nous invite à boire un café à la machine à café. Elle est très avenante, sympathique. Dans notre groupe de douze personnes d'horizon et d'âges différents, nous sommes tous très timides ce premier jour.

À neuf heures, une jolie jeune femme assez grande, les cheveux clairs, est là pour nous recevoir. C'est Cathy, notre enseignante.

Cathy nous explique que nous ne sommes pas dans une classe à proprement dit. Que l'enseignement n'est pas le même que dans une école.

Je saisis bien que nous n'aurons pas un professeur qui nous tape avec une règle pour que l'on comprenne. Pour une grande majorité d'entre nous, la peur et les démons de la scolarité remontent à la surface.

Nous sommes tous un peu figés.

Pas un mot, pas un sourire.

Cathy nous demande de nous présenter et surtout de nous mettre à l'aise, de laisser tomber les capuches sur les têtes... Elle précise que nous ne sommes pas ici pour être malheureux ou souffrir de l'école, mais pour nous enrichir, partager nos connaissances et évoluer.

Rien que pour se présenter, les jeunes ont de très grosses difficultés. Ils ont du mal à parler devant les autres. Les plus âgés comme moi sont un peu plus à l'aise et plus rassurés pour dialoguer.

Un jeune garçon dit qu'il n'a pas envie de revenir. Il se sent oppressé, il est là par obligation car son chef l'oblige pour pouvoir le garder. À la fin de ce premier jour, Cathy reste parler avec lui un moment.

On le reverra tous les jours jusqu'à la fin.

Cathy est très douce. Elle nous sait fragiles. Les premiers temps, elle ne demande aucune lecture à haute voix, ni d'écriture au tableau devant tout le monde. Sa façon d'agir est intelligente et très sensible.

Cette première journée, elle essaie surtout de nous faire parler les uns après les autres. Puis elle nous donne une feuille avec des exercices très simples, des questions-réponses sur notre travail. Le but étant de nous faire écrire un peu afin de nous évaluer et mettre en place les objectifs de chacun.

Cette première matinée s'achève, j'ai hâte d'être au prochain vendredi.

Pour le moment, je dois rentrer sans me tromper.

De retour le lundi au travail, mes collègues me demandent si cela s'est bien passé. Je leur dis que oui, bien sûr, mais je ne m'étends pas trop.

Je ne suis pas prête à partager ma nouvelle aventure.

Le vendredi suivant, je ne suis pas la seule à être en avance à la machine à café. Nous sommes même presque tous en avance.

Tout le monde est motivé.

Un matin, Cathy nous donne une feuille et demande des volontaires pour lire les mots inscrits sur le tableau, l'un après l'autre. Une jeune femme commence cette lecture de mots familiers. Elle hésite. Cathy l'aide à déchiffrer, écrit les mots sur le tableau, syllabe par syllabe. Puis elle me désigne pour lire.

Je prends une grande respiration et je me lance.

Trois mots plus loin, je bute. Comme M. Beau, mon gentil instituteur, elle montre du doigt chaque lettre, entoure les syllabes.

La magie opère, me voilà repartie dans la lecture des mots.

Elle demande à tous ainsi de lire, chacun à son tour, puis d'écrire les mots sur nos cahiers. Je suis très studieuse, je fais de mon mieux pour écrire les mots, puis les phrases.

Elle nous demande ensuite de trouver des synonymes et de les écrire. D'autres fois, elle demande si les mots sont masculins ou féminins. Elle passe de personne en personne et nous corrige individuellement. Elle s'adapte ainsi aux difficultés spécifiques de chacun.

Que ce soit dans la lecture, l'écriture ou la compréhension, tout se passe dans la douceur.

Quant à ma dyslexie, Cathy m'apprend des méthodes mnémotechniques : par exemple, entre

« ce » chien et « se » tenir droit : elle forme un C avec le pouce et l'index pour que je puisse retenir que « ce » correspond bien au pronom démonstratif.

Nous abordons aussi les méthodes de calcul : addition, soustraction, multiplication, division. Certains présentent de grosses difficultés. Cathy demande à ceux qui sont plus à l'aise avec les opérations d'aller au tableau. Cela donne du courage aux autres qui finissent aussi par se lever et participer.

C'est ainsi que la honte disparaît petit à petit.

On s'entraide, on rigole même de nos erreurs.

Ce groupe est une équipe dont la chef, Cathy, nous permet de transformer nos erreurs en victoires.

D'autres fois, nous travaillons sur des formulaires ou papiers qu'on utilise dans notre quotidien : fiches de paie, formulaires pour les impôts, formulaires de lettre recommandée, contrats de travail... Nous apprenons à remplir ces documents. Nous pouvons poser à Cathy toutes les questions à propos de ce qui nous bloque dans la vie quotidienne à cause de notre handicap. Parfois, pour mieux nous répondre, elle revient la semaine suivante avec les documents relatifs à ces questions. De notre côté, nous rapportons nos fiches personnelles de travail ou de poste pour avoir plus d'explications, en débattre et partager avec les autres.

Nous étudions même les pictogrammes : inflammable, danger, explosifs, tri des ordures…

Rien à voir avec l'école que j'ai connue.

Au contraire, c'est un régal. Non seulement je progresse chaque jour sans souffrir, mais en plus j'y prends du plaisir.

Dans les premiers temps, Cathy ne nous donne pas de devoirs à la maison, mais je fais partie des gens qui lui en réclament. Nous voulons profiter pleinement de tout ce qu'elle peut nous apporter.

Au fur et à mesure des semaines, les masques tombent, nous partageons nos expériences, nos cultures, notre vie.

Si personne ne parlait au début, Cathy doit souvent demander le silence au bout de quelques semaines. Les cours évoluent sans stress. Elle nous donne des cours en relation avec la vie de tous les jours. Nous vivons de bonnes parties de rigolades, la confiance commence à s'installer entre nous et nous sommes contents de nous retrouver le vendredi suivant, jour de notre formation.

Si nous constituons un groupe de personnes de tous horizons et de tout âge, c'est un groupe soudé. Jamais une moquerie, plutôt de l'aide entre nous. Le vendredi devient ma journée. Après les cours, je me fais un petit restau, j'aime bien flâner un peu dans Paris, avant de prendre le train du retour. Six mois passent très vite, il faut en profiter.

Cette formation m'aide beaucoup à m'ouvrir l'esprit, me redonner du courage et acquérir une meilleure image de moi-même. Je suis triste que « Les compétences clés » ne durent que six mois.

J'aurais aimé que cela ne s'arrête jamais, mais c'est déjà bien.

Pour des raisons professionnelles, après son troisième enfant, ma fille déménage à Cherbourg avec toute sa petite famille. Je profite de quelques jours de congé pour aller les rejoindre. C'est à ce moment-là que ma meilleure amie, Nathalie, est hospitalisée d'urgence. Au téléphone, son mari me dit que c'est très grave et qu'il vaut mieux que je rentre tout de suite. Victime d'une hémorragie cérébrale, elle reste quinze jours dans le coma. Avec un immense chagrin, je vais la voir tous les soirs à l'hôpital, à Rueil-Malmaison. Là non plus, Jean-Pierre ne m'épaule jamais. Comme il n'y a plus d'espoir, les médecins décident de la débrancher. Je suis présente et je la serre dans mes bras, je lui chante la chanson (*Les Roses blanches*), celle que l'on chantait avec ma mère lorsqu'elle nous faisait des crêpes le mercredi.

Je lui chante et je lui parle jusqu'à ce que son cœur s'arrête.

Je lui dis combien elle va me manquer. Lors de ses obsèques, je compose un petit poème que je lis à haute voix.

Mon objectif suivant : acquérir une validation des acquis (VAE) pour obtenir un CAP service hôtelier. Je suis super motivée. Je veux ce CAP pour pouvoir évoluer au sein de mon travail. Même si Jean-Pierre n'arrête pas de me dire que cela ne servirait à rien que je le passe, « car je suis trop nulle », et que si jamais je l'obtiens, ce sera par pitié des examinateurs et non parce que je l'ai mérité.

À la suite de la formation « Les Compétence clés », j'apprends que ma VAE est acceptée. Je vais pouvoir attaquer mon livret pour mon CAP. Je m'achète un ordinateur pour travailler en numérique. Il va me servir à corriger mes fautes en les soulignant quand je vérifie avec le correcteur orthographique car ma dyslexie est toujours là.

En plus, je dois travailler avec les logiciels Word et Excel, formations que met en place la directrice des formations de l'hôpital. Bien sûr, avec Martine, j'ai appris à allumer un ordinateur, et à travailler sur un logiciel de commandes de repas pour les patients, mais cela n'a rien à voir avec Word et Excel.

Trois jours d'apprentissage avec une vingtaine de personnes. Pas évident et un peu juste pour moi.

Je suis toujours perturbée par la présence d'autres personnes autour de moi, et en plus, tout le monde n'est pas du même niveau.

Moi, je n'y connais rien. Certaines sont déjà secrétaires ou avec d'autres qualifications, mais sûrement pas débutantes.

La formation se passe bien quand même. Je réussis à comprendre le fonctionnement et à maîtriser les logiciels enseignés. Je ne suis pas rapide, je manque de confiance en moi, j'ai peur.

Je comprends que si je me trompe cela n'est pas grave du tout car d'un clic ou deux, je peux revenir en arrière et recommencer, c'est un outil merveilleux qui me sera indispensable.

Pour valider mes acquis, je dois rédiger cinquante pages avec mon ordinateur sur mon parcours d'intendante hôtelière et sur les prestations que représente ce parcours : l'hygiène, les plateaux-repas, la gestion du linge et tous les besoins du service.

Pendant un an et demi, tous les trimestres, je me rends à des ateliers une journée par trimestre, à Saint-Quentin-en-Yvelines, pour qu'on m'explique comment fonctionne une VAE, et pour vérifier que la mise en place du livret sur support informatique décrit bien mon travail à l'hôpital.

Je prends en photo les chariots repas, les produits d'entretien, les casiers de rangement… Je peux ainsi insérer ces photos dans mon livret virtuel qui prend des couleurs. J'y travaille jour et nuit, je ne pense qu'à ça.

Mon « alliée de formation », ma directrice des ressources humaines, me relit et corrige les fautes car l'ordinateur ne fait pas tout. Elle ne porte jamais de jugement. Comme elle s'absente pour des raisons de santé les trois derniers mois avant mon CAP, ma fille la remplace. Je lui envoie mes documents par mail – maintenant, je sais comment faire – et elle me les renvoie corrigés.

Le jour de l'examen arrive. J'apprends quelque temps auparavant le lieu : de l'autre côté de Paris. Je fais un essai en voiture une semaine avant, avec mon GPS, pour être sûre de bien repérer les lieux, ne pas être en retard et trouver une place pour me garer. Ce n'est pas le moment d'avoir le moindre stress. J'espère bien que ces deux années d'efforts vont payer !

J'arrive à l'heure convenue. Mon livret de cinquante pages dans la main et ma convocation. Une personne à l'accueil me demande de m'asseoir devant une grande salle vitrée. Je peux voir les premiers candidats.

C'est la première fois de ma vie que je passe un examen.

Je pense à mes enfants et à l'angoisse qu'ils ont ressentie au moment du bac. Toute la semaine, j'ai révisé ce livret que j'ai moi-même écrit et dont je connais chaque mot, chaque page, chaque recoin.

J'ai juste l'impression, en attendant mon tour, de ne plus rien avoir dans la tête, de tout avoir oublié. C'est l'horreur.

Il ne faut pas que je rate. Je dois vraiment y arriver.

C'est mon défi, comme une question de vie ou de mort.

Je vais pouvoir me sentir plus indépendante.

Mon nom retentit. C'est mon tour. Tout à coup, en me levant, je me sens prête. J'entre dans la pièce où sont assises cinq personnes autour d'une table. Une copie de mon livret devant chacune.

Après m'être présentée, je réponds aux questions, plus calme que jamais, tout à fait naturellement comme si j'avais laissé mon stress sur la chaise de l'autre côté de la porte. Je m'étonne moi-même. Les examinateurs sont plutôt souriants et avenants.

Avant d'entrer j'avais si peur qu'ils soient là pour me casser.

Réminiscences...

Tout est facile, je réponds aux questions, mais je connais tellement bien ce que j'ai écrit que je peux leur réciter par cœur. L'entretien dure trois quarts d'heure au bout desquels ils me félicitent pour l'élaboration de mon livret, tout en couleur avec des photos à l'appui.

Ils me proposent même de passer un BEP ou un bac ! Je leur dis que cela n'est pas possible, que je vais m'en tenir à mon CAP qui me donnerait déjà beaucoup de satisfaction. J'aurai une réponse dans un mois, mais ils me disent que cela s'est bien passé. Très fière de moi, je les remercie pour leurs compliments et regagne ma voiture très satisfaite de ma performance et… heureuse.

Arrivée à la maison, je suis super excitée. Je raconte en boucle à Jean-Pierre comment cela s'est passé, combien je suis satisfaite.

Il se contente d'un « c'est bien, ce n'est qu'un CAP ».

Mes enfants et les siens me félicitent chaudement lorsque je leur raconte ma journée.

Un mois plus tard, je reçois mon diplôme ! « Diplôme de CAP service hôtelier ».

Quel bonheur ! Je suis devenue une femme libre et autonome.

Je suis capable de me débrouiller avec mon ordinateur, de rédiger un courrier à mes petits-enfants et même d'écrire des courriers importants. Pour ces derniers, on peut trouver des modèles de lettres, ça aide.

Mais surtout, je n'ai plus peur de dire que je fais des fautes parce que je suis dyslexique.

J'ai intégré dans ma vie que ce n'est pas très grave, que cela n'enlève rien à la valeur des gens.

Pendant ces années de formation, d'apprentissage, j'ai gagné en confiance en moi, mon esprit s'est ouvert à bien des égards, surtout sur la valeur que je m'accorde. Je sais maintenant que mon opinion compte, que mes idées comptent, que je suis quelqu'un de normal.

Je ne suis pas bête.

Chapitre 11

Aller plus loin…

Quelques mois avant ma formation, mon frère Gérard est tombé gravement malade et est décédé. Jean-Pierre n'a jamais voulu le rencontrer. Tout au long de sa maladie, il ne demande jamais de ses nouvelles et ne m'accompagne jamais à l'hôpital.

Quant à mon amie Nathalie, j'aurais tant aimé qu'elle soit là le jour de mon CAP ! Elle, qui m'a tellement encouragée, n'est pas là pour fêter ma victoire. Heureusement qu'au moment de son décès, j'ai enchaîné sur ma VAE. Cela m'a aidée à passer le cap, surtout à ne pas tomber dans la déprime car mon autre amie qui m'a tant aidée dans les moments difficiles de ma vie décède six mois après Nathalie.

L'absence de soutien de la part de Jean-Pierre me permet d'ouvrir les yeux un peu plus sur son comportement égoïste. Après ma formation, il a besoin de s'acheter une nouvelle voiture. Il me demande de participer à l'achat alors qu'il sait que mes finances ont bien diminué à cause de tous les travaux de la maison. Je ne suis pas enthousiaste puisque j'ai la mienne et surtout ma confiance en lui diminue sérieusement.

Mais voilà, les enfants et les petits-enfants, les miens comme les siens, sont très importants pour moi. Je ne fais aucune différence. Je les aime tous. Et puis, j'ai encore l'espoir qu'il fasse des efforts, qu'il arrête de ne penser qu'à lui.

Et je l'aime toujours.

J'accepte de prendre un crédit avec lui pour sa voiture, mais sous condition : nos deux noms doivent être sur la carte grise.

Je vois bien que ça l'embête, mais cette fois-ci, je ne lui accorde pas le choix. Arrivés à la banque, il me dit que l'on va en profiter pour racheter le crédit habitation car le banquier lui propose de transformer ce crédit en crédit consommation et d'inclure celui de la voiture. Le taux sera moins élevé.

Je ne comprends pas tout ce qui se dit.

J'en ai marre de ses magouilles financières, je me méfie de plus en plus. Et puis mon fils m'a dit qu'il faut que je fasse attention et pense plus à mes finances en prévision de ma retraite. Malgré mes doutes, le banquier et Jean-Pierre arrivent à me persuader que c'est mieux.

J'accepte.

Mais le banquier demande sur quel livret il doit prélever les frais. À ma grande surprise, je comprends alors que Jean-Pierre a de l'argent d'avance, lui qui me dit toujours qu'il n'en a pas. D'une voix sèche, je réponds :

– Sur celui de Jean-Pierre.

Bien sûr, il refuse et propose de prélever l'argent sur les deux livrets, moitié, moitié.

Je ne dis rien, mais mon esprit est beaucoup plus affûté qu'avant et je lui fais vraiment de moins en moins confiance.

Du coup, je prends rendez-vous chez le notaire pour lui poser quelques questions concernant la maison. Pendant la formation, Cathy, l'enseignante, nous a souvent parlé des lois du travail, mais aussi des acquisitions de biens.

Je demande au notaire si je suis bien propriétaire en partie de la maison. Après avoir regardé l'acte de vente, il me répond :

– En aucun cas, c'est juste monsieur qui en est propriétaire.

Pourtant j'ai bien pris un crédit habitation et payé la totalité des frais de notaire. Je lui montre mes documents. Bien.

Il me dit, avec embarras, qu'il doit y avoir une erreur quelque part.

Je sors de chez lui, les bras ballants.

Je n'y crois pas ! Comment cela est possible ?

Je me promets d'en parler sur-le-champ à Jean-Pierre.

Toutes ces années à payer ce crédit pour la maison, pour payer les travaux, et au bout, une maison qui ne m'appartient pas !

Je suis sous le choc. Et de plus, je viens d'accepter un crédit pour sa voiture. N'importe quoi.

Je suis la reine des idiotes !

Le soir, je n'attends pas l'heure du Ricard. Aux explications que je lui demande, il me dit que je n'ai pas bien compris, que ce n'est pas grave puisque nous allons nous marier. En effet, cela fait dix ans qu'il me dit que nous allons nous marier... sans jamais avoir eu aucune vraie demande.

Que du vent.

Dans une grande colère, je lui dis que je suis bien désolée, mais que cela n'est plus possible. Qu'il profite de moi depuis bien longtemps et que ce n'est pas de l'amour ! C'est de l'arnaque !

Lorsque je lui promets de me chercher un appartement et de le quitter, il me rétorque que je ne verrais plus ses enfants et ses petits-enfants. Il essaie de toucher ma corde sensible, mais son chantage affectif ne m'atteint plus. Je ne peux même pas lui répliquer qu'il ne verra plus mes enfants ni mes petits-enfants non plus, car il s'en fiche éperdument.

Il y a deux options : je reste et je me mets à boire et, soyons logiques, lorsque je n'aurai plus un sou il me fichera dehors. Ou bien je le quitte tant qu'il en est encore temps.

Ne pas baisser les bras. Non, jamais.

C'est décidé, je pars.

Dès le lendemain, je sillonne les agences immobilières à la recherche d'un appartement. Deux mois plus tard, je trouve un studio au cœur de Mantes, à dix minutes de mon travail.

Nous devons fermer notre compte commun et je lui demande de me rembourser tout l'argent que j'ai investi dans cette maison qui ne m'appartient pas. Il refuse catégoriquement et rigole :

– Tant pis pour toi.

Je suis bien naïve. Je pensais qu'avec l'amour on pouvait faire des efforts, changer et partager. Mais là, je sais qu'il n'a jamais ressenti de l'amour pour moi, il n'a agi que par profit. Et ce, pendant dix ans de vie commune. Certains couples avec différents niveaux scolaires sont complémentaires et se soutiennent mutuellement. Si l'un ne peut faire quelque chose, l'autre l'épaule ou le fait à sa place. Que ce soit avec Marcel ou Jean-Pierre, je n'ai jamais vécu cela.

Alors que lors de ma séparation avec Marcel, Chantal n'avait pas pu m'aider, cette fois-ci, elle est là pour ma nouvelle installation, pour ma nouvelle vie. Elle m'achète même de la vaisselle et des éléments de décoration. Mes enfants m'aident aussi. Là, tout autant que mes amis, ils pourront venir comme ils le veulent avec mes petits-enfants.

Me voilà une femme libre, libérée et… combattante, plus que jamais.

Bien sûr, je prends un avocat pour demander le remboursement des travaux de la maison que j'ai entièrement payés ainsi que les sommes dues que j'ai remboursées pour le crédit. Je suis outrée lorsque j'apprends que Jean-Pierre me demande un loyer pour les dix années pendant lesquelles il m'a soi-disant « logée ». Un courrier de son avocat me demande une somme extravagante pour ce fameux loyer.

En panique, j'appelle mon avocat qui me dit de changer de procédure en invoquant un abus de confiance. Je reprends espoir et continue à me battre. Le jugement tombe quelque temps plus tard : l'affaire est déboutée pour les deux parties.

Conclusion : je ne récupère pas un centime.

Jean-Pierre gagne tout : il a un pavillon refait à neuf et une voiture neuve toujours avec les deux noms sur la carte grise, ainsi qu'un compte commun qu'il ne veut pas fermer. Et qui n'est toujours pas fermé aujourd'hui, six ans plus tard.

Le tout presque totalement payé par moi-même.

Je n'ai pas la force de réengager une nouvelle procédure judiciaire. Pour peu que je ne m'en tire encore plus mal et que Jean-Pierre ne soit encore plus malin…

Les gens comme lui utilisent une forme d'intelligence pour manipuler et profiter d'autrui. Et la justice ne fait rien.

Mais je sais qu'une plaie d'argent n'est pas mortelle, le principal est d'être une personne bien dans ses baskets et surtout libre.

Maintenant, ma sœur Chantal et mes enfants m'entourent. Je suis bien dans ma peau. Je ne me sens plus dévalorisée, je ne crains plus d'avancer et je m'affirme un peu plus.

Au travail, je suis fière de dire que sur quatre-vingts intendantes hôtelières, je suis la seule à détenir le CAP qui correspond à ma fonction. Je n'ai plus peur d'écrire les « transmissions » pour mes collègues. S'ils me disent que je fais des fautes, je leur réponds que cela n'est pas très grave puisqu'ils arrivent à me lire et qu'ils n'hésitent surtout pas à corriger les fautes ! Je leur rappelle que j'ai toujours mon problème de dyslexie et qu'ils peuvent partager leur connaissance plutôt que de critiquer.

Comme mon but en passant le CAP était d'encadrer les intendants hôteliers, j'espère avoir ce poste à mon retour. Mais un plan de retour à l'équilibre se met en place à l'hôpital. Il va surtout impacter les services techniques de l'hôpital dont les intendants hôteliers. Ces postes vont sûrement être revus à la baisse.

Je décide de me syndiquer pour pouvoir participer aux réunions concernant tous les futurs changements. Maintenant, je ne me cache plus, je n'hésite plus à me mettre en avant et à donner mes idées ou annoncer mon désaccord.

Entre collègues, nous échangeons beaucoup. Je vois qu'elles sont nombreuses à venir vers moi pour me parler de leur situation au travail, de ce que je pourrais faire pour elles. Elles me font confiance. Cela me fait chaud au cœur. Être retournée à l'école à cinquante ans m'a beaucoup apporté. À leurs yeux, j'ai pris de la valeur.

Quant à moi, je vais plus facilement vers elles. La différence entre avant et après ma formation, c'est qu'avant, j'allais vers elles pour de banales conversations, maintenant, c'est pour parler de notre avenir à l'hôpital.

Sans que je le leur demande, elles me choisissent pour les représenter afin de mettre en place la nouvelle organisation. La direction m'accepte comme représentante.

Lors des réunions, je prends facilement la parole et je m'aperçois qu'elle a de la valeur. On prend en compte mes idées, et même mes mises en garde comme le fait que la pénibilité augmente avec un nombre réduit de personnes pour effectuer le même travail qu'avant. Les intendant(e)s, la plupart des femmes, doivent porter des charges lourdes comme le linge sale et propre, les chariots repas de deux cent cinquante kilos, des cartons de rouleaux de papier-toilette, de sopalin, des pacs de bouteilles de savon liquide… Tout au long de la journée, il y a de la pénibilité. Il y aura tout de même beaucoup de changement, comme une modification des horaires qui pèseront encore plus sur le personnel ainsi qu'un plan de départ volontaire.

Un an après ma formation, la directrice de la formation « Les compétences clés » m'appelle. Elle me demande si je suis d'accord pour participer à une conférence pour promouvoir leur école. Bien sûr, j'accepte. Ils m'ont tellement apporté que je trouve normal de participer à cette conférence.

Je prends le train et le métro pour un premier rendez-vous.

À présent, je sais organiser mon trajet toute seule, je sais lire un plan de métro. Mais une inquiétude persiste.

Je n'ai jamais assisté à une conférence, encore moins été intervenante devant un public nombreux !

La directrice me rassure. Je ne serai pas seule, d'autres personnes avec le même parcours interviendront aussi et elle-même sera maître de conférences et donnera la parole à chacune.

Je suis toujours inquiète : comment m'habiller ?

Comment me tenir, comment répondre aux questions, vais-je trouver les bons mots… *Allez, courage, il n'y a pas de raison, il faut juste répondre sincèrement sur ce que cette formation m'a apporté.*

Arrivée sur place, je me laisse conduire sur la scène par les organisateurs. Je retrouve les autres participants. Lorsque l'audience pose des questions, je réponds naturellement.

Je m'aperçois que c'est vraiment un très grand bonheur de partager mon parcours, ce que m'a apporté la formation. Et encore plus de savoir que mes interventions vont aider beaucoup de gens.

Je ressors de cette conférence très fière de moi. J'ai rencontré un nombre impressionnant de personnes qui voulaient aider les autres.

Juste après la conférence, un journaliste me demande si je veux bien participer à une vidéo pour mettre en valeur les possibilités du numérique. Cette vidéo servirait à tous, notamment aux personnes illettrées qui n'ont jamais utilisé un ordinateur. Dans cette vidéo, je dis avoir pu « dompter la bête » en parlant de l'ordinateur. Une expression qui a un fort impact car on m'en parle régulièrement dans les conférences auxquelles je participe.

Bien sûr, je partage tout cela avec mes enfants et avec ma sœur Chantal. Mais je ne parle pas de la conférence au travail. Je sais que je pourrais encourager de nombreux collègues qui ont des problèmes comme ceux que j'ai eus à retourner à l'école, à suivre une formation pour améliorer leurs compétences. Mais je ne me sens pas encore prête. Si je vais trop vite, même par souci d'encourager et d'aider, je sais que l'autre peut se sentir dévalorisé car cela mettrait au jour des problèmes qu'il veut encore cacher.

Patrice, un ami de plus de trente ans, vient souvent me rendre visite dans mon petit appartement. Il se conduit comme un gentleman. Quand on devient un peu plus proches, je lui parle de mon handicap, lui raconte que j'ai suivi une formation qui pour moi était comme retourner à l'école à cinquante ans et que j'ai passé un CAP. Je n'oublie pas de lui dire que je fais toujours des fautes d'orthographe.

Il me félicite pour mon courage. Je lui fais part de la conférence où je suis intervenue.

Il me félicite de nouveau, m'encourage à continuer à aider les personnes dans mon cas.

Je connais ses valeurs depuis longtemps. Il ne me parle pas ainsi en attendant quelque chose en retour.

C'est quelqu'un de bien, juste quelqu'un de bien.

Nous sommes dans le partage et la compréhension.

Il me demande de venir vivre chez lui. J'ai cinquante-cinq ans, je veux surtout être bien accompagnée.

Mais même si je connais sa valeur, aguerrie, je pose mes conditions : 1) Mes enfants et petits-enfants ainsi que mes amis seront toujours les bienvenus. 2) Les armes sont interdites à la maison ainsi que l'alcool tous les jours.

J'ai droit à un sourire en retour : pour lui, impossible de vivre autrement qu'en partageant avec la famille et les amis. J'emménage chez lui à la fin de l'année 2015.

Quelque temps plus tard, ma sœur Chantal tombe malade. Encore un vilain cancer. Quel malheur ! Je l'accompagne de mon mieux.

Patrice est présent, aux petits soins pour moi. Il fait de son mieux pour m'être agréable, m'accompagner pour aller voir ma sœur le plus souvent possible. Il connaît ma souffrance. Il l'a vécue avec sa femme qui est décédée quelques années auparavant. Avec Chantal, ils se parlent beaucoup. Pour moi, leurs échanges sont un vrai bonheur dans ce malheur, face à ce que j'ai connu avec Marcel et Jean-Pierre.

Jusqu'au dernier instant, il reste auprès de ma sœur et moi.

C'est une très bonne personne. J'ai beaucoup de chance de l'avoir car, grâce à lui, après le décès de Chantal, je réussis à me relever et à me battre pour continuer. J'ai tellement mal. C'est comme si j'avais perdu ma mère pour la deuxième fois. C'est Chantal que je suivais partout quand j'étais petite.

À chaque fois que l'on perd un membre de sa famille ou une amie que l'on aime comme une sœur, une profonde déchirure se fait à l'intérieur de notre corps.

Perdre un membre de sa famille, c'est aussi douloureux qu'une amputation.

« Les compétences clés » me contactent souvent pour me demander de participer à des conférences. Je me rends à Lille, dans l'est de la France, à Paris… C'est toujours avec un très grand plaisir que je raconte comment me former m'a permis de ne pas baisser les bras face à mon problème d'illettrisme.

Un handicap que j'ai considéré comme insurmontable jusqu'à l'âge de cinquante ans.

En 2017, Hervé Fernandez, directeur de la lutte contre l'illettrisme en France, me contacte pour intervenir à une conférence à Lyon. J'accepte tout de suite sans réaliser l'importance de cette conférence et le nombre de personnes qui vont y assister. Une journaliste, marraine de l'illettrisme dans le milieu carcéral, est le maître de conférence.

M. Fernandez m'accueille avec son équipe à mon arrivée en taxi dans la cité universitaire. Il a organisé mon séjour du début à la fin : hôtel, repas, taxis... Je vis avec l'équipe très prévenante et respectueuse pendant deux jours. Les rencontres avec ces personnes, que je n'aurais jamais pensé côtoyer, sont merveilleuses pour moi car elles se battent tous les jours pour dénoncer l'illettrisme en France et améliorer la situation.

Moi, la petite fille de paysans qui se faisait insulter, maltraiter sur les bancs de l'école, je suis là pour dire haut et fort que l'on peut toujours apprendre, que l'on peut toujours améliorer son savoir, quels que soient notre âge ou notre milieu d'origine, modifier son parcours et changer sa vie.

Qu'il suffit de se lever le matin, déterminée, et de se battre.

Refuser la défaite est la clé de la victoire.

Alors, on trouve les bonnes personnes, même si cela met du temps à venir. Ces jours à Lyon sont pour moi un moment inoubliable de partage et de belles rencontres. Je rentre à Paris avec l'idée que j'ai atteint tous mes objectifs.

Je ne sais pas encore que la vie va m'amener à aller plus loin.

De retour au travail, je n'ose parler à personne de cette conférence. Je suis encore tellement étonnée d'avoir participé à un tel événement. Et puis, je ne suis pas sûre que mes collègues comprennent mon implication. J'ai déjà eu des réflexions de leur part depuis le début de mes formations. Certains m'ont reproché de m'absenter le vendredi pour ma VAE, pour « Les compétence clés », les formations Word, Excel, etc., qui, en tout, ont duré deux ans.

Pour certains, pendant ce temps-là, je travaillais un jour de moins et mon week-end durait trois jours.

Physiquement, mon travail devient de plus en plus difficile. La charge augmente avec les diminutions de personnel. À cinquante-six ans, mon dos et mes épaules sont fatigués. Je dois me faire opérer de l'épaule gauche qui présente des calcifications dues aux nombreuses tendinites qui se succèdent depuis des années. Suite à l'intervention, une capsulite rétractile sévère est diagnostiquée. Mon épaule est paralysée trois mois après l'opération. Impossible de décoller mon coude de mon corps. Un arrêt maladie d'un an est nécessaire et beaucoup de rééducation avant de reprendre le travail.

À mon retour, la médecine du travail m'interdit de porter quoi que ce soit. On doit me trouver un poste aménagé. Pas grand-chose ne m'intéresse. En revanche j'aime être avec des patients, des soignants, et dans l'action.

Derrière un bureau ou à l'accueil, je vais m'ennuyer.

Peu de temps avant ma reprise du travail, la secrétaire du syndicat m'appelle. Lors de son appel, je suis dans un grand parc avec mes enfants et mes petits-enfants en train de pique-niquer. Nous profitons des rayons de soleil... Elle me propose de rejoindre le bureau du syndicat et de travailler avec elle à temps plein. J'accepte sa proposition sur-le-champ.

C'est une belle opportunité de travailler dans un bureau en ayant à lire et à écrire, un travail plus « intellectuel » pour moi, et en même temps d'être dans l'action pour aider mes collègues.

Elle me propose un rendez-vous pour exposer nos attentes mutuelles. Je tiens vraiment à lui annoncer que je fais des fautes d'orthographe, que j'ai beaucoup travaillé pour m'améliorer, mais que j'ai besoin qu'elle vérifie mes mails avant leur envoi. Je pense que ce travail va beaucoup m'apporter. Je pourrai lire et écrire tous les jours. Pour moi, c'est important. J'ai toujours la peur d'oublier mes nouvelles compétences.

Être dans le bureau du syndicat à plein temps, c'est être au cœur de l'hôpital.

En tant que personnel du bureau du syndicat, parler aux autres m'est facile, leur demander ce qu'ils désirent, ce dont ils ont besoin, penser à leur bien-être me motivent. Je me sens vraiment utile. Même s'ils ont besoin de rien, que tout va bien, c'est important de le savoir.

Je prends des notes – maintenant je sais –, je monte des dossiers, j'apprends tous les jours.

Mais cela ne plaît pas à tout le monde.

Les questions dans mon dos fusent : qu'est-ce qu'elle fait au bureau du syndicat ? Pourquoi Catherine l'a choisie ? Elle est à plein temps au syndicat et pas d'autres… Ce n'est pas la plus qualifiée de l'hôpital… Elle a bien du mal à écrire trois mots sur nos transmissions et la voilà au bureau ! Elle sera incapable de nous aider, incapable de trouver une loi, de nous l'expliquer si on en a besoin. Catherine est bien gentille, elle prend n'importe qui…

Mais voilà, je suis là et bien déterminée à aider les gens.

Catherine, la secrétaire du syndicat, est une bonne personne. Elle est à l'écoute des gens, sa compassion me touche. Elle est présente pour tous et encore plus pour ceux qui sont en bas de l'échelle, et qui sont souvent considérés comme de « petites gens ». Ils ne disent rien, mais souffrent en silence.

Elle les repère. Nous sommes sur la même longueur d'onde.

Je parle avec elle de ma lutte contre l'illettrisme en France. Je lui montre des vidéos des conférences auxquelles j'ai participé.

Nous sommes d'accord : il faudrait qu'on repère les collègues qui présentent ces mêmes handicaps et qu'on les aide.

Plusieurs fois par semaine, j'arpente les couloirs de l'hôpital pour rencontrer mes collègues, leur demander si je peux les aider sur quelque chose. Un jour, l'une d'elles me dit qu'elle aimerait bien évoluer dans son travail et faire une école d'aide-soignante. Mais elle manque de compétences. Comme moi, elle fait des fautes d'orthographe et ne lit pas bien. Cela la bloque dès le départ. Elle ne sait pas comment faire. Voilà une bonne opportunité de lui faire part de mon parcours. Nous nous assoyons dans la cuisine. Je lui explique comment j'ai poussé la porte du bureau de la DRH, me suis mise à nu et ai demandé de retourner à l'école. Je lui rapporte la lettre que ma fille avait écrite pour faire la demande de formation. Nous nous appelons régulièrement. Quelque temps plus tard, elle m'annonce avec beaucoup de joie qu'elle a été retenue pour suivre la formation. Comme moi, elle a peur de prendre le métro toute seule. Je suis heureuse et fière de l'accompagner pour son premier trajet. Suite à la formation, elle intègre une école d'aide-soignante. Je suis très heureuse d'avoir pu l'aider. Pour la première fois, j'ai accompagné, aidé, et inspiré une personne qui présentait le même handicap que moi.

Cette victoire a un nouveau goût pour moi. Celui de la satisfaction d'avoir aidé quelqu'un qui vivait ce que j'ai vécu et surmonté.

Faire partie du syndicat me permet de parler dans mon travail, du problème de l'illettrisme. Même si ce mot fait peur. Et pour cela, il vaut mieux l'aborder en parlant de fautes d'orthographe, de lecture hésitante, de problèmes de calcul... et de besoin d'« améliorer ses compétences ».

Surtout ne pas prononcer le mot « illettrisme ».

Beaucoup pensent qu'il s'agit d'analphabétisme.

Pourtant, ils sont nombreux à venir au bureau du syndicat et demander de l'aide pour un courrier, ou des papiers administratifs. Depuis que j'y travaille, je rencontre beaucoup de gens, à différents postes, incapables de faire un rapport écrit aux collègues, de remplir les fiches de traçabilité... Tous trouvent des prétextes, comme je le faisais, pour ne pas avoir à écrire et demandent aux autres de le faire à leur place.

Dans le cadre du « bien-être » au travail, une personne référente est nommée. Son rôle : mettre en place, avec des intervenants médecins, kinés, diététiciennes, soignants de l'hôpital, des séances pour apprendre à bien se positionner devant un ordinateur, se détendre avec le yoga ou l'hypnose, apprendre à gérer le stress, manger sainement...

Je me dis qu'il serait judicieux de mettre en place des ateliers sous forme de jeux, une action pour que tout le monde puisse s'autoévaluer sur ses propres compétences, le numérique inclus. Le but serait de savoir si retourner à l'école serait bénéfique. Cela aurait un effet positif sur toutes ces personnes qui pensent que leur avenir est bien sombre. Ce serait les prendre par la main, les diriger et leur ouvrir la bonne porte pour leur redonner de l'espoir et les mettre dans la lumière. Cela aussi, c'est du bien-être.

Je demande plusieurs fois à la personne qui s'occupe du « bien-être au travail » s'il est possible de mettre cette action en place. Elle ne comprend pas. Pour elle, il y a d'autres priorités.

Elle refuse.

Bien sûr, l'idée ne vient pas d'elle...

J'ai l'impression qu'elle se croit « au-dessus du lot. » Dommage, car le manque de compétences crée un grand stress aux gens. Cela les empêche d'évoluer. Ces personnes refusent souvent des postes par peur de ne pas être à la hauteur et invoquent n'importe quel prétexte. Cela représente un frein dans les entreprises. Pourtant, partout, des formations sont proposées, souvent selon les besoins spécifiques des entreprises. Mais cela ne va pas forcément aider les personnes qui ont un handicap pour lire et écrire dans leur vie quotidienne et dans leur travail. Et pourtant, c'est la maîtrise de la lecture et de l'écriture qui est la base de la communication.

Les paroles s'envolent, les écrits restent.

Ces personnes ont besoin qu'on les découvre, puis qu'on les aide. Elles ont souvent un travail peu « intellectuel » mais n'oseront jamais évoluer, par exemple, vers un travail plus administratif. Elles sont bloquées, elles ont peur de leur manque de connaissance ou de leur illettrisme, et n'arrivent pas à prendre conscience que l'on peut tout transformer. De plus, les réflexions des autres sur leur méconnaissance les bloquent sur les possibilités qu'elles pourraient avoir en maîtrisant mieux la lecture et l'écriture.

Pourtant, enrichir les connaissances des employés enrichit l'entreprise.

Je ne perds pas espoir. Je vais continuer à me battre pour améliorer cela.

Chapitre 12

Témoigner et lutter contre l'illettrisme

En 2018, je reçois une nouvelle proposition pour lutter contre l'illettrisme des femmes en France aux côtés de Lancôme, qui, avec son programme Write Her Future, s'investit dans cette cause au niveau mondial.

Julie Audouin Urdangaray, Directrice Générale Lancôme France, mène le même combat que moi en France. À l'échelle internationale, c'est Isabella Rossellini, égérie Lancôme, qui se fait la porte-parole de la cause.

L'illettrisme, c'est triste en 2020.

Bien sûr, je réponds présente. Pour moi, c'est très important. Nombre de personnes profitent pleinement du manque de connaissance des femmes dans le monde entier, abusent de leur confiance.

Je l'ai vécu moi-même. Alors si on me demande de participer, j'en suis extrêmement honorée et, surtout, partante pour essayer de changer cette situation.

En 2019, plusieurs manifestations sont organisées ainsi que de nombreux mouvements de grève. Les syndicats rencontrent la direction pour améliorer les conditions de travail dans les hôpitaux en général.

Me voilà en train de rédiger des tracts sur ordinateur, j'en suis moi-même très étonnée, mais c'est pour la bonne cause et je me débrouille de mieux en mieux.

Catherine, la secrétaire du syndicat, a toujours un œil sur mes écrits pour me corriger. Nous formons une belle équipe.

Mais un nuage se forme à l'horizon : fin 2019, un plan de retour à l'équilibre se met de nouveau en place. Il concerne, comme précédemment, le service technique et les personnes reclassées comme moi. À cinquante-huit ans et quarante-deux années de travail, je saisis cette opportunité et j'accepte mon départ anticipé. Mais la retraite c'est à 60 ans que je peux la prendre, en attendant il faut que je retrouve un travail.

Me voilà partie pour de nouvelles aventures.

Je m'inscris à Pôle emploi. Il faut un ordinateur afin de pouvoir s'inscrire sur leur site. Cela me demande du temps et de la patience. Je mets une bonne heure pour remplir tous les documents et valider mon inscription sur Internet. Les échanges se font par mail ainsi que les rendez-vous.

Je suis assez fière de pouvoir me débrouiller toute seule.

À bientôt cinquante-neuf ans, je vais continuer à évoluer, commencer par une nouvelle formation professionnelle.

Mon espoir en écrivant ce livre et le message que je veux transmettre, surtout aux personnes qui ont des difficultés liées à l'illettrisme, c'est celui de toujours garder espoir quelle que soit la situation. L'illettrisme n'est pas un problème isolé, il est souvent lié à d'autres problématiques qui en font le lit. Donc je le répète encore : ne jamais baisser les bras, toujours continuer à se battre pour se réinventer.

Chapitre 13

Plaidoyer pour des orthophonistes à l'école

J'aimerais finir par une réflexion personnelle. Ce que je ne comprends pas, c'est qu'encore aujourd'hui, en 2020, le parcours pour un enfant dyslexique ou rencontrant des problèmes de lecture soit si compliqué.

Pour prendre un exemple, mon petit-fils va sur ses huit ans et éprouve comme moi des difficultés pour la lecture et l'écriture. Les parents travaillent tous les deux avec des horaires décalés. Ma belle-fille a contacté dix-sept orthophonistes pour avoir un rendez-vous. On ne peut pas dire qu'il y en ait un ou deux qui aient répondu. Non, sur les dix-sept, aucun n'a voulu prendre en charge mon petit-fils. Raison invoquée : trop surchargé. Et pour l'instant, mon petit-fils s'est bloqué pour tout ce qui touche à la lecture et à l'écriture, malgré la bonne volonté des enseignants.

Quel est son avenir ?

Comment faire pour aider les parents qui travaillent et dont les enfants rencontrent ce genre de problèmes ? En général, les horaires proposés par les orthophonistes correspondent aux horaires de travail des parents.

Et que dire des parents aux horaires décalés comme les infirmières ?

Si le problème perdure tout au long de l'école primaire, les enfants se retrouvent au collège en sixième avec de grosses lacunes en lecture et en écriture. Comme je l'ai vécu, bien que je sois d'une autre génération. Et le nombre d'élèves illettrés à l'entrée en sixième est bien supérieur à ce que l'on pense.

Notre système ne fabrique pas assez d'orthophonistes ou bien ces orthophonistes ne sont pas au bon endroit au bon moment.

Si je peux suggérer à nos têtes pensantes une idée pour améliorer la situation, ce serait : plutôt que d'attendre les enfants dans leur cabinet, on pourrait proposer aux orthophonistes, moyennant finances bien sûr, de venir dans les écoles s'occuper des enfants pour lesquels c'est une nécessité. Et cela, plusieurs fois par semaine. Cela éviterait bien des soucis et remonterait le niveau scolaire que l'on a préféré voir baisser. De plus, cela réduirait les inégalités entre élèves.

Cela concerne notre avenir à tous.

Texte de M. Beau, mon « gentil » instituteur à l'école primaire, en cours élémentaire première année

« Lorsque je suis arrivé à l'école primaire de Dennemont en septembre 1969, je n'avais que deux ans de véritable enseignement plus une année d'éducateur en internat. Il est vrai que j'avais de nombreuses années d'animation auprès des jeunes en patronage ou colonies de vacances. Je venais même de passer un diplôme de directeur de centre de vacances. Seulement, ce n'est pas ça qui faisait de vous un instituteur chevronné. Je n'avais aucune formation théorique, mis à part quelques journées dites "pédagogiques" où l'on n'apprenait pas grand-chose.

Fort heureusement, à cette époque, le fonctionnement d'une classe ressemblait beaucoup à celui que j'avais connu moi-même en tant qu'élève.

Le système n'avait pas trop changé. Tout était méthodique. Nous avions de bons manuels qu'il suffisait de suivre jour après jour et de bons emplois du temps tout faits. Finalement, c'était certainement plus simple que maintenant, en 2020, pour un jeune sortant de fac.

Concernant la dyslexie, je ne connaissais rien et nous n'avions pas eu de cours sur le sujet. Je n'en avais pas entendu parler et m'étais procuré des livres qui traitaient du sujet.

Il y avait dans cette école de nombreux enfants en difficulté scolaire, mais pour des raisons sans doute très variées, que je ne distinguais pas bien par manque de formation. Le cas d'Aline me permit d'être sensibilisé au problème de la dyslexie, mais ce n'est qu'un ou deux ans plus tard que j'ai commencé à utiliser les listes de mots proposées dans mon livre. J'ai essayé de sensibiliser certains parents au problème, mais n'ai pas toujours rencontré la compréhension voulue et moi-même n'avais pas trop de solutions à proposer.

Il m'a fallu beaucoup d'années pour affiner mes méthodes d'apprentissage car ce métier s'apprend sur le tas. Par contre, ma grande expérience de l'animation de groupe m'a permis de me faire facilement admettre par les enfants. J'ai toujours essayé de leur proposer des activités ludiques et artistiques comme le théâtre, le chant, la danse, la musique, le sport. Ces activités ne prenaient que très peu de temps durant la journée, mais revêtaient aux yeux des enfants une importance considérable et leur donnaient la joie de vivre et finalement l'envie d'accepter un travail scolaire plutôt difficile. Ces activités clôturaient toujours la journée et laissaient l'enfant sur une bonne impression.

Concernant la discipline, comme l'écrit justement Aline, j'ai toujours considéré qu'il était inutile d'en user quand ce n'était pas nécessaire. Il est vrai que je n'exigeais jamais un rang parfait, ni le silence hors de la classe. Je jouais avec mes élèves, mais ils savaient que lorsque le travail commençait, c'était sérieux.

Et ça marchait ! Ça a toujours marché !

J'ai rencontré durant toute ma carrière de nombreux, très nombreux élèves en difficulté et n'ai pas toujours pu ou su solutionner les problèmes. Il me semble qu'il y avait très souvent chez ces enfants un mélange de problèmes venant de leur éducation, de leur milieu, de leur personnalité, du suivi scolaire et des méthodes. Rien n'était simple. Rien ne pouvait se solutionner facilement. Énormément de choses se mêlaient. S'il est vrai, comme le dit Aline, qu'on a bien du mal à trouver un orthophoniste pour un enfant, je pense que de toute manière, il ne sera jamais simple de solutionner les problèmes. L'être humain est complexe et ce qu'il est devenu dépend de tellement de choses !

Je me suis aperçu également très vite que les enfants changeaient au fil des années. Ils devenaient de moins en moins attentifs dans la durée et il a fallu affiner les méthodes d'apprentissage pour s'adapter. Maintenant en 2020, je me demande si je pourrais exiger des enfants ce que j'exigeais même en 2004 quand j'ai cessé de travailler. C'est la vie qui s'accélère, ce sont les parents qui travaillent, ce sont les médias et les écrans ultra-présents. Il faut faire avec. C'est ça le métier et il est passionnant ! »

Merci monsieur Beau.
Aline

Postface

Par leur volonté et par les actes qu'elles posent, certaines personnes remportent des batailles que d'autres disaient perdues d'avance. Tel est le cas d'Aline qui a réappris à lire et à écrire à cinquante ans. La force de son témoignage nous ouvre les yeux sur une réalité invisible que connaissent 2 500 000 personnes dans notre pays. Réalité invisible parce que ces personnes ont toutes en commun d'avoir été scolarisées en France, elles ont appris la langue enseignée à l'école, la langue de la République, mais il leur manque cette première marche indispensable en lecture, écriture, calcul, numérique pour être autonomes dans des situations simples de la vie quotidienne : effectuer une démarche en ligne, prendre un billet de train sur un automate, remplir une attestation, comprendre une consigne de travail, prendre un rendez-vous médical sur un site internet… Elles n'osent pas dire qu'elles ne savent plus et font preuve de beaucoup d'intelligence pour ne pas être démasquées.

C'est tout au long de la vie, par une action nécessairement collective, rassemblant toutes les sensibilités, qu'il nous faut veiller à ce que chacun maîtrise bien cette base de la base pour éviter que les connaissances difficilement acquises une première fois ne s'effritent. Nous devons aussi être convaincus que le fait de ne plus savoir dans des situations courantes de la vie quotidienne lire, écrire ou compter n'efface pas tout ce qu'un adulte sait d'autre et qu'il a appris sans avoir recours à l'écrit.

Le rôle de l'Agence nationale de lutte contre l'illettrisme est de fédérer toutes les énergies et tous les moyens pour que les solutions à ce problème soient hissées à la hauteur des besoins. C'est le point de jonction, de rencontre, de production et le cœur d'un vaste réseau de travail en commun pour plus de cent cinquante institutions et organismes partenaires. En offrant aux décideurs une idée précise et claire sur les chiffres de l'illettrisme, en produisant ce qui manque pour que l'illettrisme soit mieux connu et mieux pris en compte dans les politiques de l'État, des collectivités et des entreprises, nous faisons tout notre possible pour que chacun dispose d'une solution à ses difficultés car le temps est compté pour qu'un homme, une femme réapprenne les savoirs essentiels. C'est d'une vie qu'il s'agit, dans toutes ses dimensions, et les partenaires de la société civile engagés à nos côtés le savent bien.

La crise sanitaire qui a frappé le monde entier, ses conséquences économiques et sociales mettent en évidence avec une lumière crue et une intensité plus forte la situation de grande dépendance des personnes les plus fragiles et notamment celles qui sont confrontées à l'illettrisme : comment utiliser une borne numérique pour mettre à jour ses droits si on ne comprend pas le texte qui apparaît à l'écran ? Comment consulter les messages des professeurs sur le logiciel de correspondance mis en place par l'école et aider ses enfants ? Comment développer son autonomie au travail si l'on ne peut pas lire les consignes ? Comment choisir son évolution professionnelle dans un environnement en pleine transition numérique ? Comment mettre de son côté les meilleures chances de trouver du travail et de le conserver si ses compétences de base se sont érodées ? Comment continuer à se former ? Les défis à relever sont importants, notre détermination collective ne l'est pas moins car les résultats de notre méthode de travail collective sont encourageants : l'illettrisme commence à reculer, mais beaucoup reste à faire.

Le parcours d'Aline nous montre que personne n'est condamné à demeurer dans la condition à laquelle tout le destine. Il nous enseigne que l'on peut réapprendre quel que soit son âge, renouer avec le goût de la lecture, le plaisir des mots, le voyage immobile proposé par les livres, la joie de partager des histoires à ses petits-enfants. Les victoires d'Aline se déploient dans sa vie de tous les jours. Mais elles ne s'arrêtent pas là. Réapprendre à lire, à écrire quand on est adulte, ce n'est pas seulement saisir la chance d'être plus à l'aise, plus autonome dans le simple quotidien. C'est aussi l'opportunité d'enrichir sa vision du monde, d'exprimer avec des mots renouvelés et une confiance restaurée ce qui est beau, ce qui est juste, ce qui est vrai. C'est la possibilité de s'affranchir des déterminismes qui emprisonnent, d'ouvrir la porte à une liberté et un pouvoir retrouvés pour peser sur sa vie, sur l'avenir de ses enfants et sur le destin collectif.

Aline, notre compagnonnage dans le combat contre l'illettrisme et votre récit nous invitent à redoubler d'efforts en direction de ceux qui ne réclament rien, de ceux qui taisent leurs difficultés et leur honte. Vous êtes la voix de ceux qui n'osent pas prendre la parole, le signe qui leur donnera l'envie de rompre le *statu quo* et de réapprendre. Vous avez notre reconnaissance, soyez chaleureusement remerciée pour votre engagement au service des plus fragiles.

Hervé Fernandez
Directeur de l'Agence nationale
de Lutte contre l'Illettrisme

DEUX AVENTURES
ROMANESQUES ET HISTORIQUES
ROSALIE LOWIE
QUAND BRUISSENT LES AILES DES LIBELLULES
La Rose Blanche
Caroline von Krockow
EDITIONS PRISMA
Des secrets de famille.
Des femmes au destin singulier.
Une même envie de vérité.
Disponibles en librairie et en e-book
www.editions-prisma.com

Entre orages et passion…
Des héroïnes pleines d'ambition…
Quels sacrifices devront-elles
faire pour sauver leur rêve ?
C. J. ROBERTSON
UNE PREUVE D'AMOUR
Paige Toon
Rendez-vous dans 5 ans
EVIE GAUGHAN
La Collectionneuse d'histoires
LUCY DANIELS
Un été pour tout changer à Vert-Cottage
DISPONIBLES EN LIBRAIRIES ET EN E-BOOK
www.editions-prisma.com

miaou thérapie
Et si votre chat était votre meilleur allié bien-être ?
Des livres recommandés par la revue miaou*
Isabelle Collin
Experte féline
miaou thérapie
Le fabuleux pouvoir de nos chats
Isabelle Collin
Experte féline
miaou thérapie
Dans la peau d'un chat
*La revue des amoureux des chats est disponible chez votre marchand de journaux, en librairies et sur www.prismashop.com
www.editions-prisma.com
Clé Prismashop MIAOUT1

Responsable éditoriale : Ambre Rouvière
Correction : Nord Compo
Composition : Nord Compo
Conception graphique de la couverture : Nord Compo
Photo de couverture : © Alys Thomas

Dépôt légal : octobre 2020 – n° d'impression : 2007.0507
Achevé d'imprimer en France par : Corlet Imprimeur